科学运动知多少

武东明　籍晓蕾　主编

人民体育出版社

图书在版编目（CIP）数据

科学运动知多少 / 武东明，籍晓蕾主编. -- 北京：人民体育出版社，2021（2022.7 重印）

ISBN 978-7-5009-5986-1

Ⅰ. ①科… Ⅱ. ①武…②籍… Ⅲ. ①健身运动－基本知识 Ⅳ. ①G831.3

中国版本图书馆 CIP 数据核字（2021）第 033026 号

*

人 民 体 育 出 版 社 出 版 发 行

北 京 盛 通 印 刷 股 份 有 限 公 司 印 刷

新 华 书 店 经 销

*

710×1000 16 开本 10.5 印张 144 千字

2021 年 6 月第 1 版 2022 年 7 月第 2 次印刷

*

ISBN 978-7-5009-5986-1

定价：48.00 元

社址：北京市东城区体育馆路 8 号（天坛公园东门）

电话：67151482（发行部） 邮编：100061

传真：67151483 邮购：67118491

网址：www.psphpress.com

（购买本社图书，如遇有缺损页可与邮购部联系）

编委会

前 言

PREFACE

健康是人类永恒的追求，连着千家万户的幸福，关系国家和民族的未来。2016 年 8 月 19—20 日，习近平总书记在全国卫生与健康大会上发表重要讲话，强调“没有全民健康，就没有全面小康”。人民身体健康是全面建成小康社会的重要内容，健康中国的蓝图是由亿万人民通过科学运动缓缓描绘而成。生命在于运动，运动需要科学指导，全民健身是全体人民增强体魄、构建健康生活的基础和保障，人民身体健康是全面建成小康社会的重要内涵。

随着物质生活水平和文化水平的提高，人们更加渴望拥有健康的体魄和快乐的生活。世界卫生组织将健康定义为“不仅是躯体没有疾病，还要具备心理健康、良好的社会适应能力和道德健康”。四个方面相互依存、相互促进，共同塑造了我们健康的人生。

关于全民健身的话题和讨论在社会上已经有大量的论证，普通人可以通过便利的手机端或电脑端获得。然而，在信息爆炸的时代，虽然我们可以轻松获得大量信息，但是我们知道的这些信息很多是片面的、缺乏科学依据的，甚至还有可能是错误的。为普及正确的、科学的运动健身知识，我们邀请了国内运动与健身、视觉笔记方面的专家，共同编写了《科学运动知多少》这本书，并通过目前流行的视觉笔记方式将每个知识点中的文字转化为一张图画，使读者可以通过简单明了的图例赏析来了解章节的内容。在编写过程中我们力求集科学性、实用性和可读性三位一体，这样广大读者不仅可以通过本书学习到科学运动的知识，还可以将本书作为亲子共读的科普读物，与小朋友一起参与到我们日常的运动中来。以书为媒，以阅读为纽带，让孩子和家长共同分享阅读和运动的乐趣，通过共读，最终做到共同学习、共同成长，共同培养终身运动的习惯。

本书编者希望这本读物能够帮助读者及其家人养成终身运动的习惯，同时希望有运动损伤的读者能够通过本书对常见的慢病和运动损伤进行积极性恢复，通过科学运动来实现健康工作 50 年，幸福生活一辈子，最终为全民健康和全面小康奠定基础。

本书的出版得到了国家体育总局体育科学研究所基本科研业务费专项资金（基本 20-30）的资助和支持，特此表示衷心感谢。

编　者

2020 年 8 月 8 日

目 录

CONTENTS

1

第一部分

科学健身

◆ 一、 如何选适合自己的运动项目

对于刚开始运动的人来说，选择适合自己的运动项目进行运动并坚持下来是一件比较头痛的事情。其实，选择运动项目遵循以下五个原则，那么找到适合自己的运动项目就不是难事。

第一，选择自己感兴趣的运动项目。兴趣是选择运动项目的第一要素。我们只有对运动项目感兴趣，才会在运动中获得乐趣。对运动项目感兴趣，需要对运动的发展、技术特点、明星人物等进行深入的了解从而达到对运动项目的精进和热爱。另外，对运动项目感兴趣，是你发自内心地坚持下去的动力。任何运动都有自己的平台期和疲劳期，随着时间的推移，当初参加运动的目的会被慢慢淡忘，而随着运动水平的提升，可以选择的运动项目也会越来越多，这时候兴趣就是你坚持下去的唯一动力。

第二，选择最符合自身运动目的的项目。有些人参与运动是为了减肥，有些人参与运动是为了增肌，有些人参与运动是为了增强体质、预防慢性疾病，不同的运动目的需要在结合自身兴趣的前提下对运动项目有适当的侧重。如果以减肥为目的，应选择运动强度较小的有氧运动，如跑步、瑜伽、健美操等项目；如果以预防疾病为主要目的，可以选择运动强度更小的快走、慢跑等项目。

第三，以全身性运动项目为主。全身性运动可以促进身体各项功能的协调发展，不建议幼儿和青少年进行一些如射击、射箭等优势侧占比较多的运动，这些项目不利于孩子的对称协调发展，久而久之会出现高低肩、脊柱弯曲等不良体态。

第四，结合年龄、性别和生理、体力特点选择运动项目。不同年

龄人群的体力状况不同，不同性别人群的生理特点也不同，选择运动项目的时候应该综合考虑。不能说60多岁的老人非常喜欢对抗激烈的篮球运动，就要去跟20岁左右的小伙子同场对抗，这种不考虑实际身体情况的运动选择会增加运动损伤发生的概率，而且老年人群的身体对运动刺激的感受和运动后恢复时间等均较20岁左右的人群要强烈。若非常喜欢，建议可以选择篮球操或花式篮球等没有直接对抗或非直接对抗较小的篮球项目作为运动的方式，减少进行对抗非常激烈的同场比赛的运动次数。

第五，选择周围人参加比较多的运动项目。你周围参加这个运动项目的人比较多，不但可以带领你很快融入这个运动项目的群体中，而且还可以对你进行运动督促和提醒，并对你运动中遇到的问题和疑虑进行解答。有人带着你运动，会大大缩短你对运动项目的了解，尽可能地少走弯路，让你最快速且最大限度地感受到运动项目的娱乐性和趣味性。

总的来说，运动项目的选择在考虑娱乐性和趣味性的同时，需要结合自身年龄、性别等生理特点，并结合运动的目的选择周围人参与比较多的、全身性的运动项目，这样不但可以缩短融入运动的时间，而且可以让你第一时间享受到运动的乐趣。

如何选适合自己的运动项目？
1 兴趣
兴趣是内心坚持下去的动力
感兴趣才会在运动中获得快乐
感兴趣才会深入了解达到精进和热爱
2 符合自身运动目的
不同运动目的
结合自身兴趣
对运动项目有不同侧重
减肥：低强度有氧
增强体质：强度更低
3 全身性运动为主
促进身体各项功能协调发展
五原则
4 结合年龄、性别、生理、体力特点
不同年龄人群体力状况不同
不同性别人群生理特点不同
选择运动项目应综合考虑
年龄
生理
性别
体力
5 选择周围人参加较多的项目
我也踢足球！
帮你很快融入这个项目群体中
对你进行督促提醒
今天约！
解答你运动中常见问题的疑虑
Q
A

◆ 二、 如何自我把控运动负荷

运动负荷是影响运动效果的重要因素之一。刚开始运动的人因运动负荷安排不当，很容易造成过度疲劳甚至出现运动损伤。

运动负荷就是运动量，由运动强度、运动时间和运动频次共同构成。由于每个人体质状况、运动习惯等不同，身体对运动负荷的反应及运动后的恢复也不同。这就是为什么同样跑5公里，别人跑起来很轻松，一会就跑完了，而自己要么死活跑不下来，要么咬牙坚持跑下来，第二天起不来床，而人家却什么反应都没有。科学运动一定要学会根据自身情况把控运动负荷。那么，如何在运动中实现运动负荷的自我把控呢？

首先，了解自己适宜的运动强度区间。我们可通过极限强度确定运动强度，如果将极限强度定义为自身100%运动强度，一般采用60%~70%的极限强度作为日常锻炼强度即可。由于极限强度的测量难度较大，一般采用运动心率来推算运动强度，即运动强度=运动心率÷（220-年龄）×100%。一般高于90%运动强度为高强度运动，60%~89%为中等强度，低于60%为低强度。运动心率可以通过测量运动后或运动中15秒脉搏来确定。

其次，把握好运动时间。在相同运动强度下，运动时间越长，身体消耗的能量就越多，运动对身体的刺激就越明显，运动后恢复的时间也就越长。运动时间过长，容易运动过量；运动时间过短，运动对身体的刺激达不到锻炼效果。所以，运动时要根据自身体质状况和运动习惯选择合适的运动时长。运动时长一般根据运动习惯来确定，没有运动习惯的人群，推荐每次运动时间在30分钟左右，其中达到运动强度的累积有效运动时间要保持在10分钟以上。运动习惯养成后，建议每次运动时间还是控制在30分钟左右，此时，我们可以通过延长累积有效运动时间的方法逐渐增大运动对身体的刺激。

最后，控制每周的运动频次。刚开始运动的人群，建议每周运动2次，运动习惯养成后，在运动强度不变的情况下，适当提高运动频次以加大运动对身体的刺激，进一步破坏身体对运动的适应，让运动的效果更好。

我们要特别注意，调整运动负荷时，运动强度、运动频次和运动时间三者不能同时增加。因为三者中任何一个因素变化都会增加运动对身体的刺激，若三者一起增加极容易出现运动过量，增大运动损伤的风险。我们推荐按照运动时间、运动频次和运动强度的顺序增加，同时闭环进行。

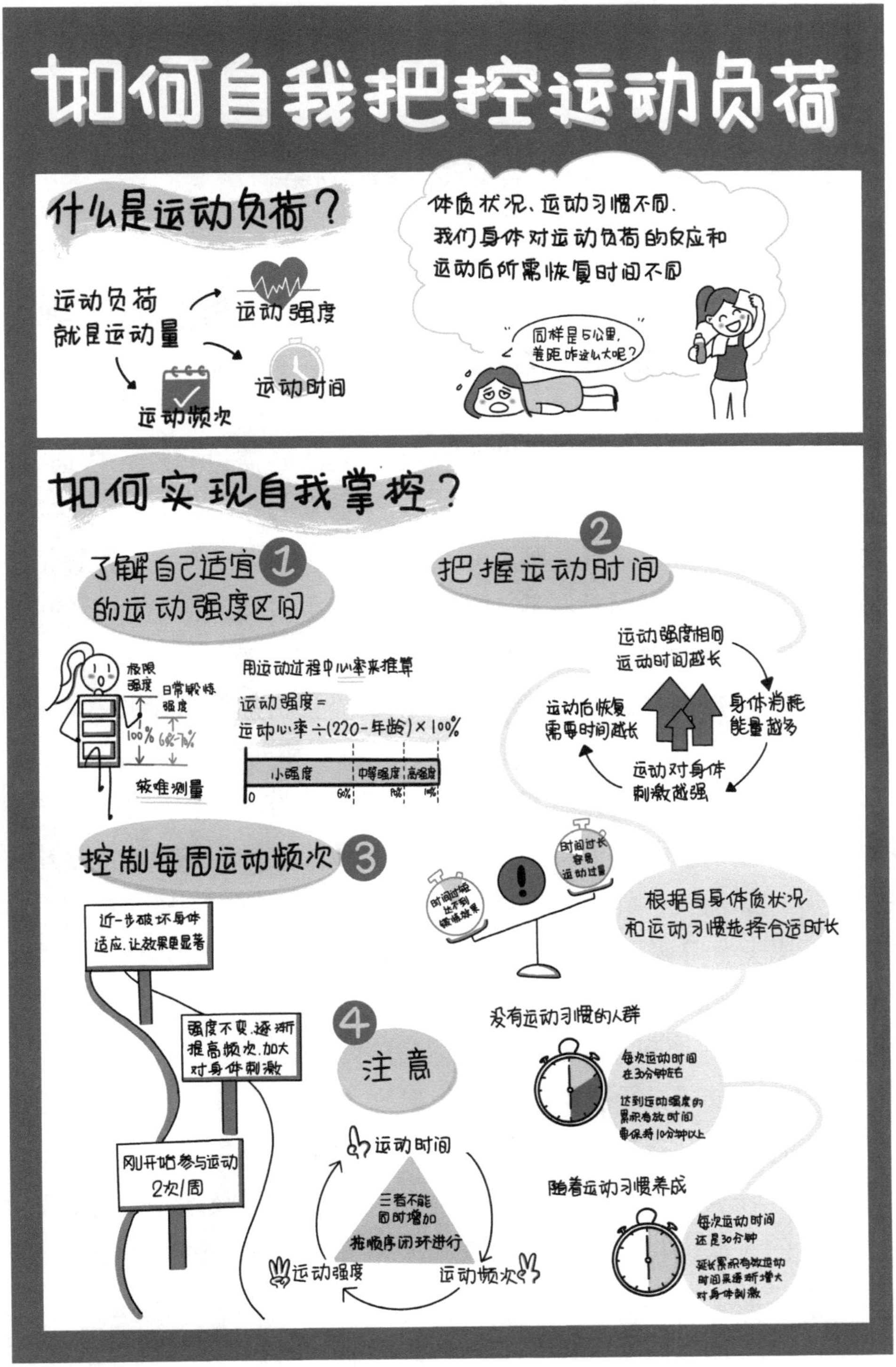
如何自我把控运动负荷
什么是运动负荷？
运动负荷就是运动量
运动强度
运动时间
运动频次
体质状况、运动习惯不同，我们身体对运动负荷的反应和运动后所需恢复时间不同
同样是5公里，差距咋这么大呢？
如何实现自我掌控？
了解自己适宜的运动强度区间 1
极限强度
日常锻炼强度
100%
60%-70%
较难测量
用运动过程中心率来推算
运动强度＝运动心率÷(220－年龄)×100%
小强度
中等强度
高强度
0
60%
80%
100%
把握运动时间 2
运动强度相同运动时间越长
身体消耗能量越多
运动对身体刺激越强
运动后恢复需要时间越长
时间过短达不到锻炼效果
时间过长容易运动过量
根据自身体质状况和运动习惯选择合适时长
控制每周运动频次 3
刚开始参与运动 2次/周
强度不变，逐渐提高频次，加大对身体刺激
进一步破坏身体适应，让效果更显著
4 注意
运动时间
三者不能同时增加
按顺序闭环进行
运动强度
运动频次
没有运动习惯的人群
每次运动时间在30分钟左右
达到运动强度的累积有效时间要保持10分钟以上
随着运动习惯养成
每次运动时间还是30分钟
延长累积有效运动时间来逐渐增大对身体刺激

◆ 三、 运动强度与呼吸之间的关系

判断运动强度的方式有很多，除了使用心率/脉搏来判断运动强度的大小外，呼吸也经常用于判断运动强度的大小。那么运动强度与呼吸之间有什么关系？

呼吸是人体内外环境之间进行气体交换的必需过程，人体通过呼吸而吸进氧气、呼出二氧化碳，从而维持正常的生理功能。一次呼吸是指一次吸气和一次呼气。呼吸频率即每分钟呼吸的次数。随着年龄、性别和活动情况的不同呼吸频率也不同。成年人在安静状态下的呼吸频率大约是 12~18 次/分，呼吸与脉搏之比为 1：4。

人体活动加强时，呼吸的频率和深度都会增加；由于呼吸深浅度的不同，人在一次呼吸运动中肺的通气量也不相同。

随着运动强度的增大，机体为适应代谢的需求，需要消耗更多的 O_2 和排出更多的 CO_2。为此，通气机能也将发生相应的变化。具体表现为呼吸加深加快，肺通气量增加。潮气量从安静时的 500 mL 上升到 2000 mL 以上，呼吸频率随运动强度增加，由每分钟 12~18 次增加到每分钟 40~60 次。结合潮气量与呼吸频率的变化，运动时通气量可从每分钟 6~8 L 增加到 80~150 L，较安静时增大了 10~12 倍。

在中等强度运动中，肺通气量的增加主要是靠呼吸深度的增加来实现。在进行剧烈运动时，肺通气量的增加则主要是靠呼吸频率的增大来实现。呼吸深度和呼吸频率的增加，意味着呼吸运动加剧，因此用于通气的氧耗也将增加。据研究，人体安静时用于通气的耗氧量只占总耗氧量的 1%~2%，而剧烈运动时则可增加到 8%~10%。

了解运动强度与呼吸频率之间的关系后，我们可以通过运动时呼

吸的频率和深度来判断自己的运动强度，以此进行调整自己的运动时间，在保证科学运动的同时，合理锻炼，祝大家有一个健康强壮的身体。

◆ 四、运动强度与脉搏和心率之间的关系

如今运动健身已经成为每个家庭的日常生活，不同人会有不同的运动目的，不同运动目的运动强度也不同。判断运动强度的方式有很多，最常见的是通过心率、脉搏来判断运动强度的大小。那么运动强度与脉搏、心率之间有什么关系？

脉搏为人体表可触摸到的动脉搏动。心率是指正常人安静状态下每分钟心跳的次数，也叫安静心率，正常人的脉搏和心率是一致的。脉搏/心率受年龄和性别的影响。正常成人安静时的脉搏/心率为60~100次/分，通常为70~80次/分，平均约为72次/分；老年人较慢，为55~60次/分。

我们一般可以通过触摸桡动脉测脉搏：把一只手的食指、中指和无名指，放到另一只手大拇指根部的掌面桡侧（那儿有骨头结节隆起，就挨着隆起的手掌面）可以摸到动脉搏动，就是桡动脉。每分钟的桡动脉搏动的次数即为脉搏。

如何通过脉搏/心率来判断自己的运动强度？一般通过最大心率百分数的范围来表示运动强度，最大心率百分数在不同的范围代表不同的运动强度。通常用年龄来预测最大心率，最大心率=220-年龄。年龄预测公式的误差为10~12次/分，这是由于遗传特点和训练上的差异所致。运动心率是人体在运动时保持的心率。最大心率百分数=运动心率/最大心率×100%。

按照最大心率百分数划分，一般可分为三个等级：

①小强度：小于60%最大心率；

②中强度：60%~79%最大心率；

③高强度：80%～100%最大心率。

对于大多数人来说，最有效的运动范围是将最大心率百分数控制在55%～75%。

了解了运动强度与脉搏、心率之间的关系后，我们可以通过运动时的脉搏来判断自己的运动强度，进而调整自己的运动时间，在保证科学运动的同时，合理锻炼，祝大家有一个健康强壮的身体。

◆ 五、 运动中如何正确呼吸

呼吸看似简单，人人都会，但运动时的呼吸具有一定的专业性，掌握正确的呼吸方法可以达到事半功倍的效果。不少健身者往往忽略呼吸的重要性，会出现头晕缺氧的反应，这些都是不懂呼吸方法的表现。而在运动中，呼吸不仅是身体的基本需求，更是一项非常重要的运动技巧，正确的呼吸方法可以使健身者很好地控制锻炼节奏，增强训练效果，还能最大限度地避免运动中的身体不适，甚至运动损伤。所以，学会正确的呼吸相当重要。不同的运动方式其呼吸方式也大有不同。下面介绍三种常见运动的呼吸方法。

第一种，有氧运动的呼吸方法。

在有氧运动中（如跑步），大多数新手由于心肺功能不够强大，在运动时会呈现出短而急促的呼吸。这种呼吸方式很容易产生身体疲劳，导致体力消耗过大，运动效率降低。

正确的呼吸方法应是缓慢地深呼吸，以每只脚落地为一拍，每三拍完成一次吸气，每两拍完成一次呼气，并用鼻子吸气嘴巴呼气。这种呼吸方法可以节省大量的体能，大幅提高有氧运动的表现。

第二种，力量训练的呼吸方法。

在力量训练过程中，呼吸讲究的原则是顺着阻力吸气、对抗阻力呼气，即采取发力（上升）的时候呼气，归位（下降）的时候吸气。例如在深蹲时，蹲起的时候呼气，蹲下时吸气。这种呼吸方法可以为肌肉提供充足的氧气和能量，适用于自重训练和小重量器材训练。

第三种，静态拉伸的呼吸方法。

运动结束之后拉伸是必不可少的，做拉伸时的动作一般保持静止

30 秒左右。所以拉伸时缓慢地深呼吸，每一组 30 秒的拉伸需要深呼气 5~8 次。休息片刻之后再进行下一组的拉伸练习。每一次呼吸都要尽力吸满呼满，保证身体吸收到充足的氧气，以便缓解力量训练堆积的乳酸，同时缓解亢奋的情绪，让身体更加健康！

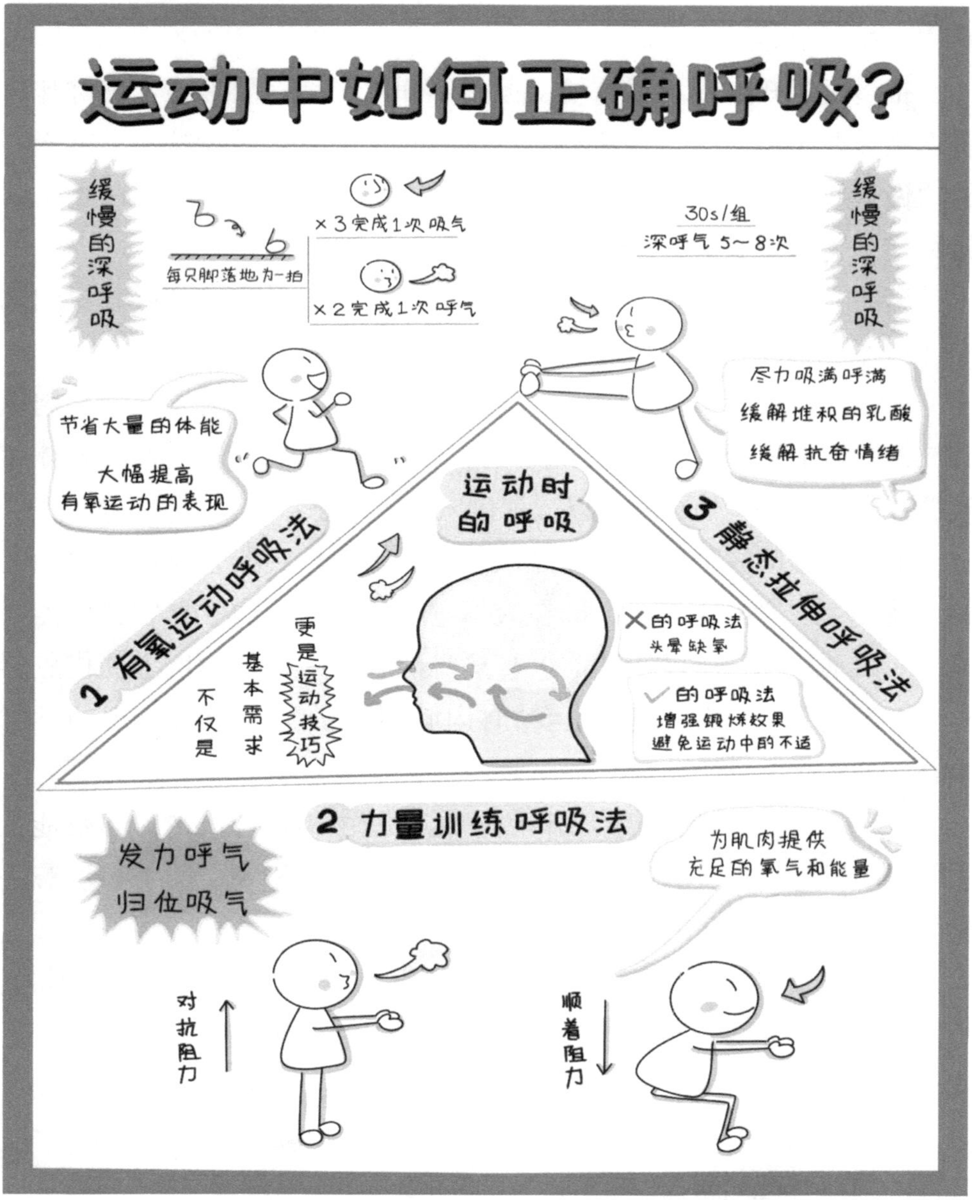

◆ 六、运动前为什么要热身

很多人都知道热身很重要，但是不知道为什么要热身。就好比体育课之前要跑操要做热身活动，但是不知道为什么要做这些，甚至不喜欢做这些，所以很多人觉得热身是没有必要的，其实这样的想法大错特错。这里说明运动前进行热身的理由：

第一，为身体做好运动准备。热身可使体温升高，降低软组织黏滞性；唤醒肌肉，为后续运动做好全面准备。

第二，放松肌肉。运动前进行热身运动，能够帮助僵硬的肌肉得到放松，增加流向肌肉的血液量。此外，在放松肌肉的同时，身体血液循环也会加快，使全身可以提前进入运动状态。

第三，提高内脏器官的功能水平。人体的内脏器官有一个很强的特点就是生理惰性比较大，即在人体进行运动时，内脏器官并不能立即进入活动状态。所以运动前进行热身能够在一定的程度上使内脏器官功能发挥作用，以减轻在运动时内脏器官的不适应所出现的不舒服感。

第四，提高神经系统的兴奋性。运动是由神经控制的，热身能让大脑的中枢神经系统进入兴奋状态，让身体更快适应后续的运动状态，提高运动的效果。

第五，调整身体状态。运动前热身可以使肌肉组织新陈代谢增强，产热增加而使体温升高；体温升高，又可以使新陈代谢增强，从而形成“良性循环”，使机体处于良好的应激状态，有利于正式的运动练习。此外，体温升高还能使血液中的氧气向组织释放，保证氧的供应，并提高神经系统的机能。

第六，调整运动心理。运动前的热身活动可以让锻炼者的心理状态调整到体育运动的情景，同时接通各运动中枢间的神经联系，使大脑皮层处于最佳的兴奋状态，让锻炼者快速地进入运动状态。

第七，提高运动表现。对于太过匆忙的运动，有时候我们会觉得“没状态”，或者会提前觉得“身体很累”。出现这种现象很大的原因是我们的身体还没做好运动的准备。适当的热身能提高肌体的柔韧性，让关节活动范围增大，让身体的氧气更多提供给肌肉，从而让你接下来的运动更加得心应手。

第八，防治肌肉酸痛。无论你的运动量是大还是小，哪怕是慢走，都要在运动前做好热身活动。进行热身活动时，首先要做关节伸展动作，这样既可以放松肌肉，又可以让血液流动畅通，避免了肌肉负荷的骤然增加，也降低了运动后肌肉酸痛出现的风险。

第九，降低肌肉黏滞性。肌肉具有黏滞性的物理特性，温度越低，肌肉的黏滞性越高，肌肉之间摩擦产生的阻力也就越大。特别是冬天温度低，肌肉的黏滞性更大，运动前热身可以有效提高体温，降低肌肉的黏滞性，防止肌肉拉伤。

第十，避免拉伤韧带。机体在安静状态下，韧带大多处于松弛状态，而热身中做的各种拉伸韧带的动作，可以让韧带拉伸并处于紧张状态，因此可以避免很多伤害。

第十一，增加关节囊中的关节液。关节囊在热身中受到刺激后会产生大量关节液，关节液叫滑液，可以有效减轻关节面之间的摩擦作用，避免在剧烈运动中损伤关节面。

运动前的热身，目的在于让肌肉保持柔软，进而提高关节的可活动范围，使我们做出正确的运动姿势。热身可以使柔韧度变好，平衡感变强，甚至不容易跌倒。短短的几分钟对于你的锻炼回报是多方面的，所以在运动前可千万别忘了热身！

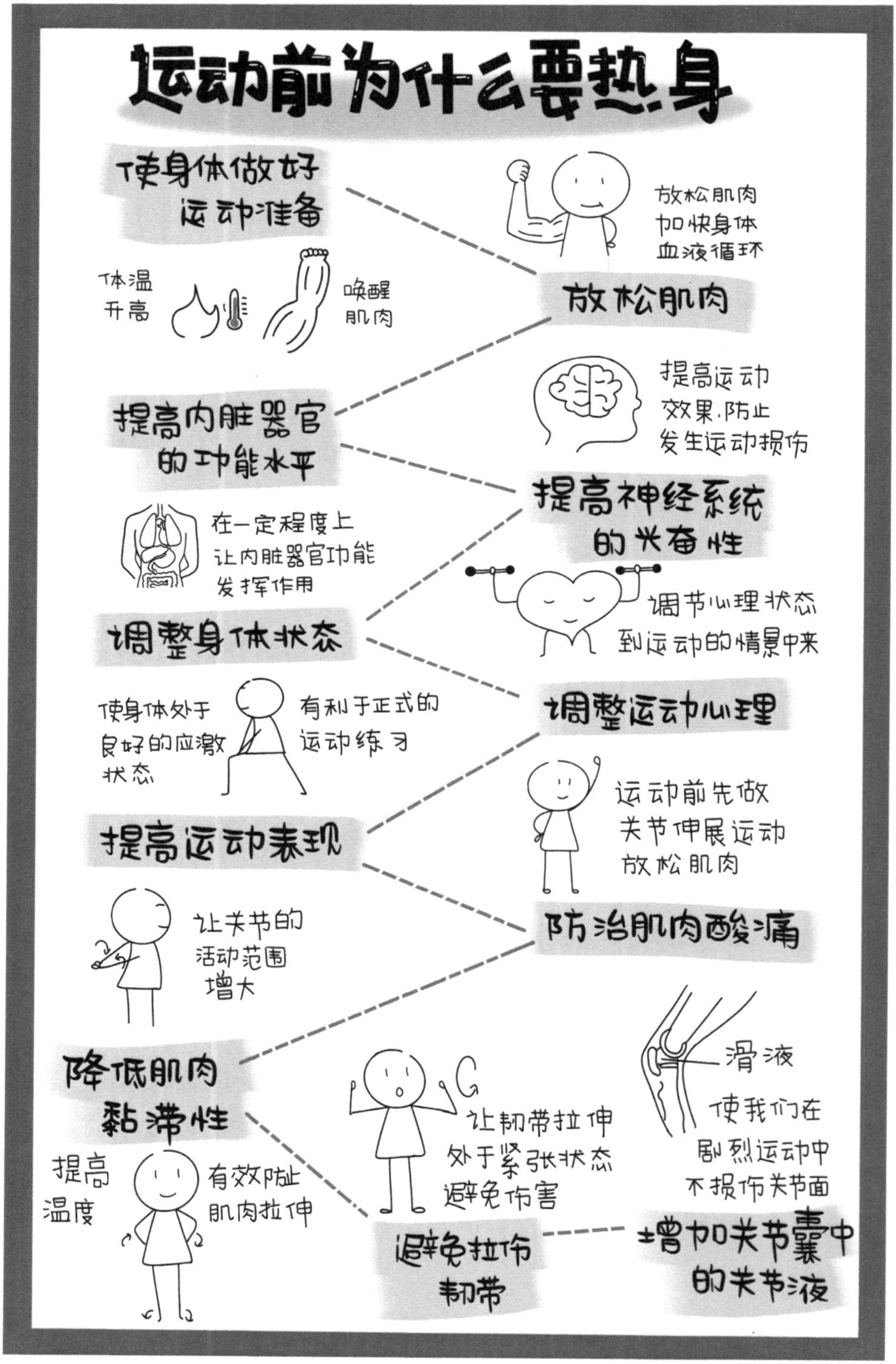
运动前为什么要热身
使身体做好运动准备
放松肌肉
加快身体
血液循环
体温升高
唤醒肌肉
放松肌肉
提高运动
效果.防止
发生运动损伤
提高内脏器官的功能水平
提高神经系统的兴奋性
在一定程度上
让内脏器官功能
发挥作用
调节心理状态
到运动的情景中来
调整身体状态
调整运动心理
使身体处于
良好的应激
状态
有利于正式的
运动练习
运动前先做
关节伸展运动
放松肌肉
提高运动表现
防治肌肉酸痛
让关节的
活动范围
增大
滑液
使我们在
剧烈运动中
不损伤关节面
降低肌肉黏滞性
让韧带拉伸
处于紧张状态
避免伤害
提高温度
有效做
肌肉拉伸
避免拉伤韧带
增加关节囊中的关节液

◆ 七、 运动前热身要注意哪些事

运动前要热身，这是健身人士必备的基本常识。有效的热身运动，不仅可以预防运动损伤，还可以提高运动效果。那么为了更好地达到热身目的，我们在运动前热身的时候，需要注意哪些事呢？

第一，补充水分。做热身运动前要注意补充水分，尤其在酷热及潮湿的天气下，可预防抽筋及中暑情况的发生。在水中加少量的电解质或食盐，可以补充出汗大量流失的水、盐及电解质。

第二，热身程度要适宜。做热身运动时，要注意循序渐进，最好运动量由小开始，逐渐增加，达到微微出汗的效果即可。不要太剧烈，以免引致疲劳。

第三，运动项目不同，热身方式也有所不同。热身运动一般由慢跑、伸展运动和专项准备活动构成。进行热身运动应注意从系统的拉伸活动开始，即拉伸时要缓慢，避免突然用力，被拉伸的那部分肌肉一定不要用力。拉伸后，应该做一些一般性的准备活动，如轻微的原地跑跳等，这样既调动了内脏器官，又让全身的关节得到了预热。

第四，热身时间一般为 5~10 分钟。依据年龄、个人体质、季节及气温不同，热身运动所需的时间也会不同。要注意根据季节调整时间长度，夏季可以适当缩短热身时间，冬季则应适当延长热身时间，使身体充分活动开，以免出现运动损伤。热身至轻微出汗前不宜急于脱掉外套和长裤，这样会妨碍热身的效果。

第五，在做完热身动作之后，身体会出现微微的出汗发热，这个时候我们可以直接进行运动，也可以热身后稍微补充些水分再开始运动，但是中间不宜拖太长时间，一般 2~3 分钟内应该开始运动。

第六，中老年人更应注重运动前热身。随着年龄的增长，中老年人肌肉韧带的柔韧性降低，肌肉力量减弱，关节活动范围减小，如果不做热身直接运动，那么腿部的肌肉、关节、韧带不能适应突然的运动，很容易出现腿部肌肉，跟腱和脚跟疼痛。

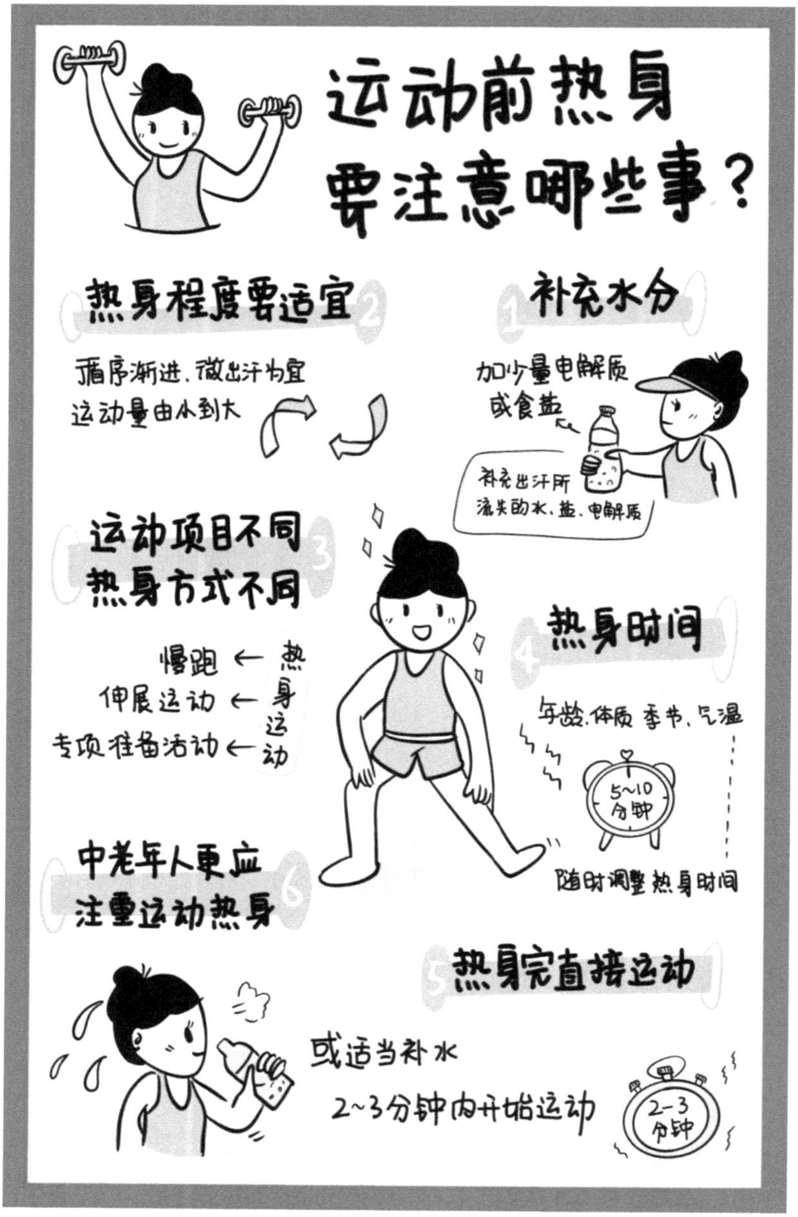

◆ 八、 运动后为什么要放松

很多人觉得，自己如果运动量不大，就不用放松；如果运动量很大身体已经很累，不如立刻躺下休息来得舒服。其实这样的想法是不对的，以下说明运动后要进行放松的理由：

第一，减缓疲劳，避免运动损伤。紧张收缩的肌肉会压迫肌肉中的血管，影响血液流动。放松活动后能减少血液淤积，加速全身血液的重新分配，促进乳酸排除，有助于消除疲劳，加速肌肉机能的恢复，对避免运动损伤有重要作用。另外，运动时血液主要分布于运动器官，为保证运动时能量代谢的需要，运动后如果不做放松练习，突然停止不动，会由于地心引力和静止的身体姿势严重影响静脉回流，使身体产生不适甚至休克。

第二，保持肌肉机能。运动后放松可以使肌肉全面得到还原，只有这样肌肉才会保持良好的机能，收缩有爆发力，抻拉有韧性，全面的放松可以使肌肉达到最大功效，表现能力增强。同时肌肉放松也能有效地增加收缩前的肌纤维长度，放松对抗肌群，提高肌纤维收缩速度，增大肌张力，提高柔韧性，增大动作幅度。

第三，增长肌肉力量。肌肉力量来源于完成动作时各肌群收缩的合力，各肌群之间的协调性的好坏是影响肌力的主要因素。对抗肌不放松，主动肌的力量会被对抗肌抵消一部分甚至全部。从生理学方面分析，肌肉的紧张与放松是在大脑皮层的支配下进行的，当主动肌收缩用力时，对抗肌处于放松状态。肌肉在一次收缩结束后，下次收缩前应有一个放松过程。若肌肉只是一味地紧张收缩，不进行很好地放松舒张，那么肌肉的刺激就不能达到较深的层次，也就不能有效地发挥人体的运动潜能。

第四，改善神经功能。肌肉放松有利于改善神经系统功能，减少大脑皮质的负担，增加大脑皮质中枢兴奋和抑制转换的灵活性，从而加速运动技能的形成，提高完成技术动作的质量。

第五，提高运动质量。放松活动后能使心血管系统逐渐恢复正常，减轻关节压力，松弛紧张情绪，使身体尽快恢复正常状态。通常，自然休息很难使紧缩的肌肉完全恢复。

第六，改善动作协调性。运动时，神经系统支配相关骨骼肌肉高速协调工作。在完成一个动作时，往往有许多肌肉群参与，有些收缩，有些舒张。只有各个肌群配合得当，才能使动作的完成协调规范，准确无误；也只有各个肌群灵活应变，才能保证机体在高速运动中避免受伤。在这个时候，中枢神经同时发出多条指令，兴奋的指令会使相应肌肉收缩，抑制的指令会使相应的肌肉放松。整个过程中神经系统与相应的骨骼肌默契配合，增加了神经系统的灵活性，在大脑皮层上建立了新的条件反射，肌群也形成了一定的记忆。研究表明，科学的放松运动训练可以巩固大脑皮层形成的条件反射，加深肌肉对这项运动的记忆，强化身体的协调性。

相信大家对运动后放松的作用有一定的了解后，不会运动后直接静止休息了，因为这样对于身体危害比较大。

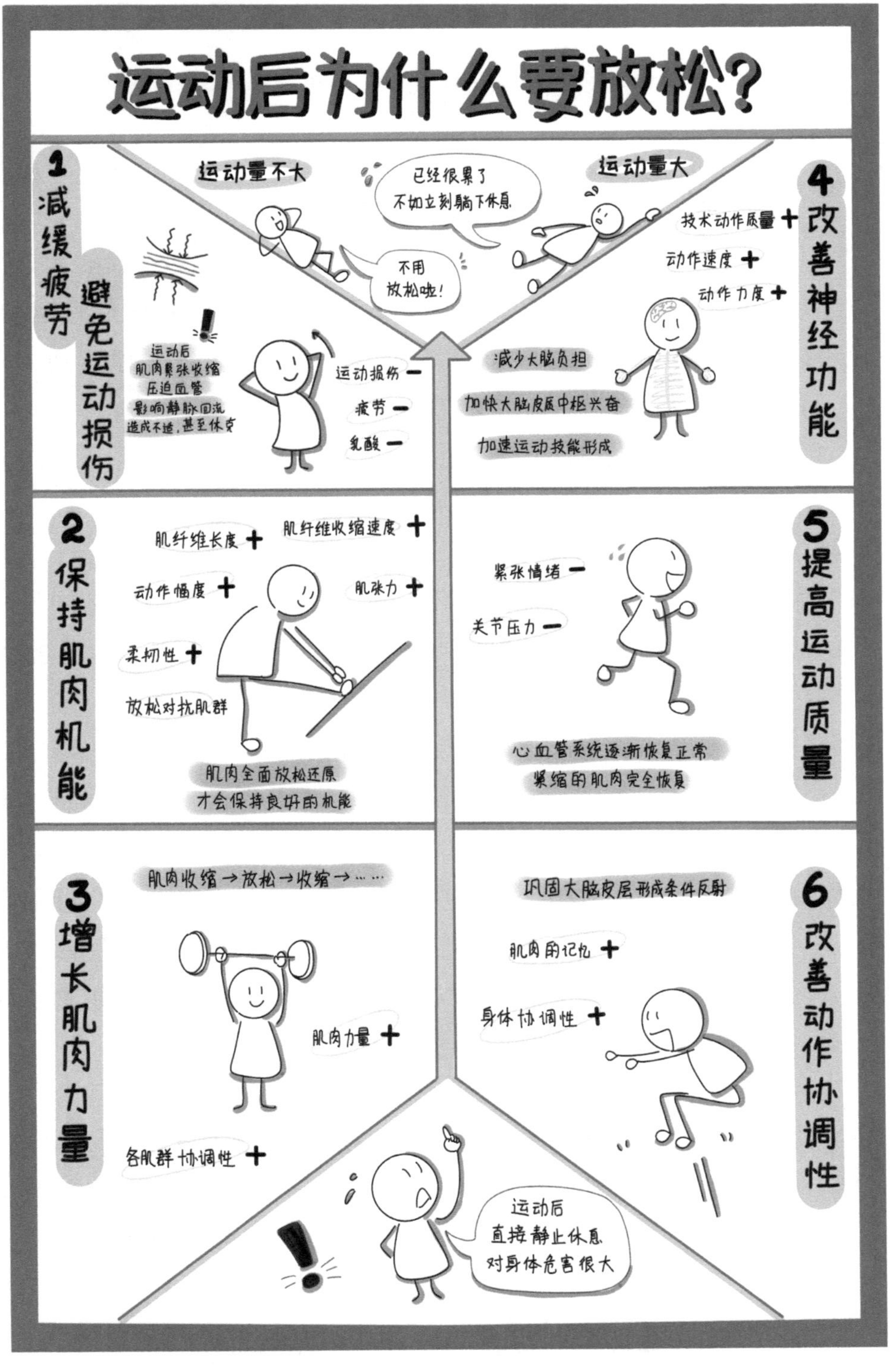
运动后为什么要放松?
运动量不大
不用放松啦!
已经很累了
不如立刻躺下休息
运动量大
1 减缓疲劳
避免运动损伤
运动后
肌肉紧张收缩
压迫血管
影响静脉回流
造成不适,甚至休克
运动损伤 —
疲劳 —
乳酸 —
4 改善神经功能
技术动作质量 +
动作速度 +
动作力度 +
减少大脑负担
加快大脑皮质中枢兴奋
加速运动技能形成
2 保持肌肉机能
肌纤维长度 +
肌纤维收缩速度 +
动作幅度 +
肌张力 +
柔韧性 +
放松对抗肌群
肌肉全面放松还原
才会保持良好的机能
5 提高运动质量
紧张情绪 —
关节压力 —
心血管系统逐渐恢复正常
紧缩的肌肉完全恢复
3 增长肌肉力量
肌肉收缩→放松→收缩→……
肌肉力量 +
各肌群协调性 +
6 改善动作协调性
巩固大脑皮层形成条件反射
肌肉的记忆 +
身体协调性 +
运动后
直接静止休息
对身体危害很大

◆ 九、 运动后放松要注意哪些事

运动后要放松，这是健身人士必备的基本常识。有效的放松运动，不仅可以减缓运动疲劳，还可以提高运动效果。为了更好地达到放松目的，我们在运动后放松时需要注意什么呢？

第一，运动后做拉伸。若在地面上进行，一定要铺上垫子，防止地上的湿气侵入身体，导致肌肉、关节出现严重酸痛。

第二，心跳趋缓后再坐下休息。运动后若立即坐下来休息，会阻碍下肢血液回流，影响血液循环，不利于缓解疲劳。在进行运动量比较大的活动后，如打篮球、踢足球、长跑等，应适当走动 5~10 分钟，等心跳趋于缓和再坐下来休息。

第三，不要蹲坐休息。运动结束后感觉累了，很多人直接蹲下或坐下。其实，这是一个错误的做法。运动后若立即蹲坐下来休息，会阻碍下肢血液回流，影响血液循环，加深肌体疲劳，严重时会导致重力性休克。因此，每次运动结束后应调整呼吸节奏，进行一些低热量的活动，例如慢走，做几节放松体操，或者简单深呼吸，促使四肢血液回流，以利于还清“氧债”，加快恢复体能、消除疲劳。如确实体力不支，可让同伴搀扶着走走。

第四，不要大量补充糖分。运动后大量喝糖水或吃一些甜食，不会快速恢复体力，特别是剧烈运动后大量补糖还会增加我们的疲倦感。

第五，不要贪吃冷饮。运动后人往往大汗淋漓，尤其在夏天，随着大量水分的消耗，运动过后总会有口干舌燥、急于喝水的感觉，这时大多年轻人喜欢买一些冷饮解暑解渴。运动后人体消化系统仍处在抑制状态，消化功能低下。若图一时凉快和解渴而贪吃大量的冷饮，极易引起胃肠痉挛、腹痛和腹泻，并诱发肠胃疾病。所以运动后不宜立即吃冷饮，此时应适宜补充少量白开水或盐水。

第六，不要立即洗澡。运动后，特别是夏天，由于机体大量排汗，很多人想立刻洗掉这些汗液，有的人甚至用冷水来冲澡，这样很容易对皮肤造成严重的伤害。由热突然变冷会对毛囊造成损害，导致皮肤出现痘痘和瘙痒。当然，也不建议立即用热水冲，因为这样会增加血液的循环量，导致人更加劳累，出现虚脱的现象。

第七，不要立即吃饭。运动后不宜立即吃饭，特别是激烈运动时，运动神经中枢处于高度兴奋状态。在它的影响下，管理内脏器官活动的副交感神经系统能够加强对消化系统活动的抑制。同时，运动中全身血液也进行重新分配，集中供应运动器官的需要，使腹腔内各器官的供应相对减少。这样胃肠道的蠕动减弱，各种消化腺的分泌大大减少，当运动结束 20~30 分钟后逐渐恢复正常。如果运动后急忙吃饭，会增加消化器官的负担，引起功能紊乱，甚至造成多种疾病。

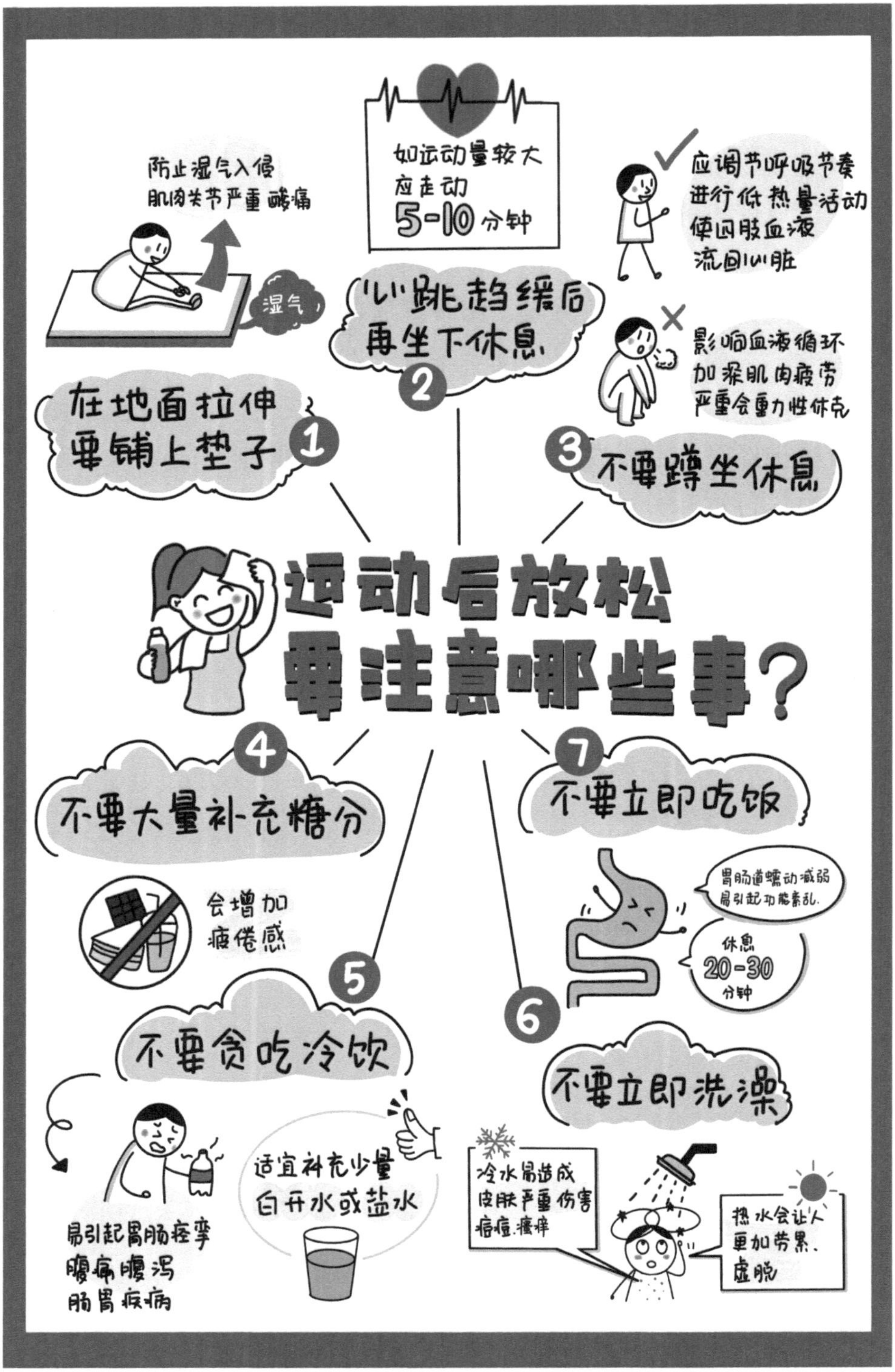
运动后放松
要注意哪些事？
1 在地面拉伸
要铺上垫子
防止湿气入侵
肌肉关节严重酸痛
湿气
2 心跳趋缓后
再坐下休息
如运动量较大
应走动
5-10分钟
应调节呼吸节奏
进行低热量活动
使四肢血液
流回心脏
3 不要蹲坐休息
影响血液循环
加深肌肉疲劳
严重会重力性休克
4 不要大量补充糖分
会增加
疲倦感
5 不要贪吃冷饮
易引起胃肠痉挛
腹痛腹泻
肠胃疾病
适宜补充少量
白开水或盐水
6 不要立即洗澡
冷水易造成
皮肤严重伤害
瘖痘.瘙痒
热水会让人
更加劳累、
虚脱
7 不要立即吃饭
胃肠道蠕动减弱
易引起功能紊乱.
休息
20-30
分钟

◆ 十、 运动过程中如何科学补水

我们在运动的时候，身体会出汗，特别是进行剧烈运动时，出汗量更大，此时身体会出现缺水甚至脱水的现象。如果不能及时、正确地补充水分，人体内水分的平衡将会被破坏，这也给机体的正常运行带来危害。为了确保在运动中人体内水分的平衡，我们一定要科学补水，只有养成良好的科学补水习惯，做到合理补水，才能够保障我们身体的健康，维持较好的运动状态。

运动补水应该从三个时间段来考虑，即运动前补水、运动中补水和运动后补水。

第一阶段，运动前补水。运动前补水可以提高机体的热调节能力，降低运动中心率，给肾脏的新陈代谢提供平台。运动前补水又分为两个时段：一个时段是运动前 2 小时，需补充 500 mL 的水，这样可以使体内细胞达到最佳的水合状态，迎接运动，并且有足够的时间将体内多余的水分通过尿液排出体外，轻装上阵。另一个时段是运动前 15 min内，需补充 300～500 mL 的水，这是为人体“预留”的水分。在补水的时候，运动者不会有口渴的感觉，但这些水分会在人体运动开始出汗时进入人体的血液之中，特别对持续时间比较长的运动很重要。

第二阶段，运动中补水。当进行持续时间比较短的运动时，运动过程中是否补水不重要，但是持续时间较长的运动，特别是超过一个小时的运动，运动过程中补水就很重要了。运动中补水要注意以下两个方面：

一方面，运动过程中补水必须遵循“少量多次”的原则，每 20～

30 min一次，每次补水量应在150~200 mL。此方法可使水分不断进入到人体体内，使人体内血容量在不发生太大变化之时，使人体内环境保持稳定，同时不增加人体内肠胃和心脏的负担，有利于人体运动和生理过程的有效进行。另一方面，运动过程中出的汗含有很多离子成分，根据出汗量的多少，应选择是补充凉开水，还是功能饮料。

第三阶段，运动后补水。在运动结束后，要及时补充在运动过程中所消耗的水分。运动后补水要注意以下三点：

第一，一般情况下，在运动后的20~30 min，补充150~200 mL的水量最为适宜。

第二，若出汗量较大，应遵循“补水量大于失水量”的原则，这样才能使机体恢复水平衡。记录运动前后的体重，可得知运动过程中的失水量。

第三，可选择补充电解质饮料，及时地补充糖分、电解质等，从而维持一定的血糖浓度，延缓疲劳感的发生。

运动补水注意事项主要有以下三个：

第一，忌服过冷的水。因为平时人体的体温在37℃左右，经过运动后，可上升到39℃左右，如果饮用过冷的水，会强烈刺激胃肠道，引起胃肠平滑肌痉挛、血管突然收缩，造成胃肠功能紊乱，导致消化不良。

第二，忌一次性大量的补水。因人体内部胃肠所能吸收水分的速度非常有限，如果一次性补水量过大，那么过量的水分会骤然进入人体的血液之中，使血液变稀，血液容量迅速增加，这些都会导致心脏负担增加，人体运动能力降低。

第三，饮水速度要慢。运动过程中，第一口水漱口之后要吐出。之后每喝一口水要在口腔内轻漱几秒后，再缓慢喝下。这样做不仅可以很快解渴，而且能有效地控制自身的饮水量。

运动过程中
如何科学补水
Why
为什么要
科学补水
确保人体内
水分平衡
保障身体
健康
维持较好的
运动状态
How
如何科学
补水
时段
•运动前2小时
300-500mL水
•运动前
15分钟
100mL水
运动前补水
运动中补水
0 时长较长
特别≥1h的运动
注意事项
1 少量多次
间隔20-30min
一次，每次
150-200mL
2 根据出汗量多少
选择凉白开或
功能饮料
3
可选择
补充电解质
材料
饮料
2
补水量＞失水量
记录运动前后的
体重
1 在运动后的
20~30min内
补充150-200mL水
运动后补水
忌服
过冷的水
忌一次性
大量的补水
饮水速度
要慢
Attention!
运动补水
注意事项

◆ 十一、 运动时喝运动饮料好还是水好

随着生活水平的提升，我们对自身健康的关注度越来越高，运动作为增强体质和增进健康的重要手段也被越来越多的人纳入日常生活中来。无论是在马路边、公园里还是在健身房，你都会看到挥汗如雨的运动身影，同时在这个身影的旁边也总会有一瓶水或饮料来补充水分。看到这里，回忆一下，自己在运动时是喝水还是喝饮料呢？

运动的时候是喝运动饮料还是喝水对我们身体好一直是运动补水领域的重要话题之一。有人认为这个时候仅仅补水是不够的，应该补充一些能量和电解质，而运动饮料不但富含各类电解质还具有高能量、口感好等特性，被广大运动爱好者所喜爱，然而怎么选择最适合我们自己的运动饮料却无人知晓。

要想弄明白这个事情，首先要了解什么是运动饮料。运动饮料是根据我们运动时生理消耗的特点而配置的针对性补充运动时丢失的营养的饮品。运动饮料是含有一定的糖量、维生素和电解质的碳水化合物。

运动饮料是针对运动而设计的补剂，那么我们运动的时候是不是需要喝呢？其实需不需要喝运动饮料是根据我们运动时长和运动强度来决定的。运动时长在一个小时以内的中低强度的运动，推荐大家喝水比较合适；运动时长超过一个小时且运动强度为高强度的运动，推荐适当地喝一些运动饮料，来满足我们身体的需要。

说到运动中补水，这里有必要再唠叨两句。很多人在运动过程中是不进行补水的，只有当自己渴的不行时，才拿起矿泉水或饮料一饮而尽，殊不知这样的做法犯了运动补水的禁忌。

正确的运动补水法应该是在运动前进行，一般为运动前 2 小时刻意补水 300~500 mL 有助于改善体内的储水量，提高身体的热调节能力，同时给肾脏留出充足的代谢时间。在运动前 15 min 左右补充 100 mL左右水分还可以降低运动前期口渴的感觉。

运动中的补水我们一定要遵循“少量多次”的原则，每 20~30 分钟补水一次，每次补充 200 mL 以内，每小时总饮水量不超过 600 mL，这样做不仅可以保持体内水含量和内环境的稳定，同时也不会给肠胃和心脏造成过重的负担。切忌口渴之后一次性大量的补水，因为当我们口渴的时候其实身体已经处于脱水状态，身体的某些功能此时已经开始下降。一次性大量的饮水虽然会缓解口渴的感觉，但由于肠胃的吸收速度非常有限，很大一部分水会聚集在胃里，这样就给肠胃增加了不必要的负担，同时肠胃短时间大量吸收水分也会稀释血液，导致血液容量短时间内迅速增长，加大了心脏的负担，进而影响饮水后的运动表现。

最后，我们补水的时候要以常温的水为主，切忌喝冰水或冰饮料。运动过程体温会有不同程度的上升，若饮用冰水会对我们的肠胃产生强烈的刺激，极易出现血管突然收缩，引起肠胃痉挛或功能紊乱。

总的来说，运动时是喝水还是喝饮料要根据我们的运动强度和运动时间来确定，若是中等或小强度的运动且运动时间在一个小时以内，喝水就可以满足身体的需求，但若是运动强度为大强度且运动时间在一个小时以上，可以适当喝一些运动饮料来补充身体所需的各种微量元素。无论是喝水还是喝运动饮料都要遵循“少量多次”的原则，切忌一次性大量饮水和喝冰水。

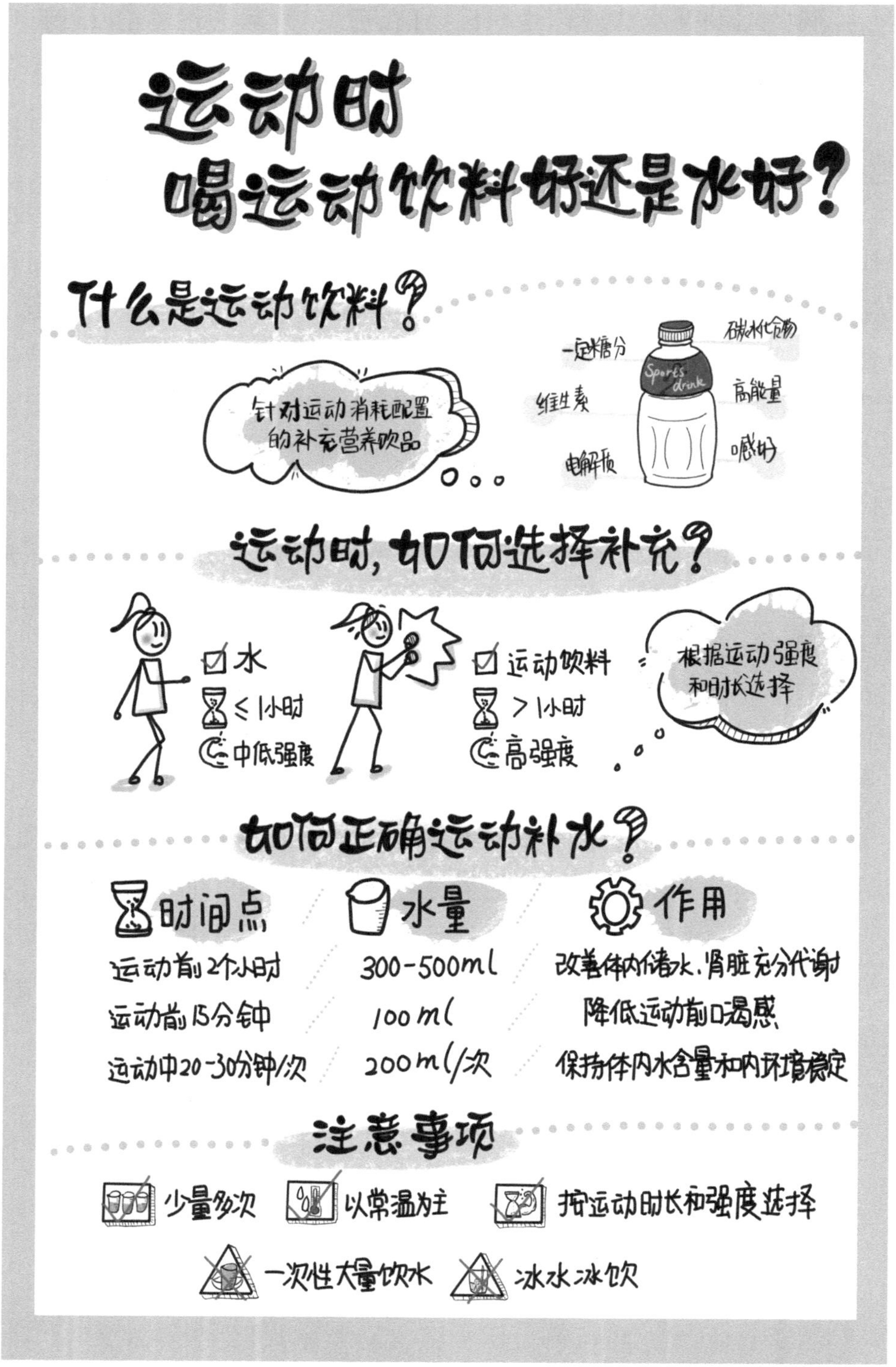
运动时
喝运动饮料好还是水好?
什么是运动饮料?
针对运动消耗配置的补充营养饮品
一定糖分
碳水化合物
维生素
Sports drink
高能量
电解质
口感好
运动时,如何选择补充?
水
≤1小时
中低强度
运动饮料
>1小时
高强度
根据运动强度和时长选择
如何正确运动补水?
时间点
水量
作用
运动前2个小时
300-500ml
改善体内储水,肾脏充分代谢
运动前15分钟
100ml
降低运动前口渴感
运动中20-30分钟/次
200ml/次
保持体内水含量和内环境稳定
注意事项
少量多次
以常温为主
按运动时长和强度选择
一次性大量饮水
冰水冰饮

◆ 十二、 每天什么时间段运动最好

刚开始运动的人问得最多的问题是什么时间运动最好。仔细观察身边运动的人，你会发现一天中各个时间段都有人在运动，并且人人都说自己选择的时间段是最合适的。

那么，我们到底什么时间段运动最好呢？其实，关于一天中什么时候运动最好至今没有定论。首先，每个人要根据自己体质状况、闲暇时间、生活环境等实际情况选择一个固定的时间段进行运动，这样身体会慢慢习惯这个时间段，逐步养成生物钟，提前为运动做好相应的生理储备。其次，在时间允许情况下，从运动生理学角度根据运动目标去选择时间段。

若以增强体质、提高免疫力、改善精神状态为目的的运动，我们推荐在早上进行。因为身体经过一晚上的消耗，基本处于低血糖状态，体内糖原较少，这个时间进行有氧运动会加速体内糖原的消耗，伴随着糖原的消耗，身体会适当提高新陈代谢率，同时适当的有氧运动可以通过增强人体生物钟的调节，起到调节内分泌减少焦虑的作用。但值得注意的是，早上的时间段并不是适合每个人，比如患有高血压和心血管疾病人群，以及低血糖和糖尿病人群，由于这类人群血液黏稠度较高，且血糖水平较低，就不适合在早上进行运动。

若以增长力量、肌肉塑形、发展耐力和柔韧为目的的运动，我们建议在中午或午后进行运动。由于这一时间段内的身体体能储备和身体感知度比较高，此时进行力量类和耐力类运动可以更好地把握动作及速度的精准性。但是中午运动一定要控制好运动与午餐的时间间隔，餐后 1 小时开始运动为最佳；午后运动强度要适中，尽量不影响下午

学习、工作。

若以减肥、修身、增加柔韧为目的的运动，我们可以放在晚饭后进行，有研究表明，傍晚时分血小板量比清晨低20%左右，血液黏稠度也比清晨低6%左右，所以对于慢性心血管疾病人群来说，运动的危险性会降低很多。身体经过一天的消耗，血糖状态维持在较低水平，加之体内糖原较少，这个时间进行运动，会加速体内糖原的消耗，伴随着糖原的消耗，身体会快速调整供能方式，相比平时而言，晚上身体会更快达到消耗脂肪供能的条件，并且随着运动的进行，脂肪消耗增加，体内血脂水平大幅度下降。

此外，人体新陈代谢一般在傍晚时刻达到高峰，随着脂肪代谢速度的加快，人体的柔韧性和肾上腺激素分泌水平也达到峰值，此时非常有利于进行柔韧项目中难度相对较高的动作练习。同时，傍晚运动也要注意运动时间与晚饭、睡眠之间的间隔，一般安排在饭后1小时到睡觉前2小时的时间段内进行运动，这样不仅给肠胃预留充分时间去消化食物，同时也给神经系统一个时间来恢复到安静水平，以避免因运动而引起交感神经过度兴奋妨碍入睡。

总的来说，运动时间段的选择因人而异，每个人最适合的运动时间其实都是不一样的，我们要从运动目的、工作、生活实际来选择合适自己的运动时间。

每天什么时间段运动最好？
我爱运动
我选择的时间是最合适的
各个时间都有人在运动
到底什么时间段运动最好？
运动时间选择小技巧
增强体质
提高免疫力
改善精神
早上
•提高新陈代谢
•调节生物钟
•调节内分泌减少焦虑
•养成生物钟
•生理准备
固定的时间
增长力量
肌肉塑形
发展耐力柔韧
午后
•身体储备和
体能感知度较高
减肥修身
增加柔韧性
傍晚
•加速糖原消耗
•加速脂肪消耗
•新陈代谢达到顶峰
根据目标选择时间

◆ 十三、 早上运动好，还是傍晚运动好

大家都知道，人除了吃饭、睡觉、工作和学习，锻炼身体也是非常重要的。日常生活中，我们总能看到锻炼身体的人。一大早能看到很多人在晨练，大半夜也能看到跑步的或者在健身房锻炼的人。这里出现一个疑问，什么时间最适合锻炼？究竟是早上运动好，还是傍晚运动好呢？

人体存在一定的生物节律，与运动效果关系密切的体温、肌肉力量、有氧能力、柔韧能力等在一天的不同时段都会出现波动。比如人的体温一般在傍晚或夜间最高，清晨最低，而身体利用氧的能力在傍晚才达到峰值。所以，什么时间锻炼最好不可以一概而论，每个人要结合人体生物节律和自身情况来看。

早上锻炼受以下四个方面的影响。

第一，环境情况。因为晚上没有阳光，植物几乎不能进行光合作用而呼吸作用却在进行，所以晚上植物一直在消耗氧气并产生二氧化碳。因此，理论上，早上空气中的氧气含量低且二氧化碳含量高，不适合进行锻炼。但是在大部分人居住的钢筋水泥城市中，人们是不会受到那点微小的浓度波动变化所影响的。

第二，人体情况。因为人体在睡觉时所有身体机能都会降到最低的状态，以便减少能耗，使身体得到充分休息，早晨刚起来时，人体各脏器的运转仍处于较低水平，如果刚起床不久就去运动，这和剧烈运动前没有进行热身的准备让身体充分活动开是同样的道理。这时候锻炼，对于心血管功能脆弱的人来说是比较危险的。

第三，最佳时间。早上太阳升起之后（七八点钟），空气中的尘

埃和有毒物质是最少的，且植物开始进行光合作用，空气中的氧气量增加，此时是运动的最好时机（但要避免日出后的暴晒）。

第四，锻炼项目。早上不适宜剧烈运动，可以选择散步、跳操、太极拳等运动项目。不适合长距离运动，因为人的体温在自然睡醒前的 2 小时最低，长跑这类的耐力运动会使人体温升高，而体温升高又会反过来影响运动耐力的进一步发挥。

早上锻炼有利有弊。优点：早上是一天开始的时间，这个时间段进行运动，能够让一天都充满活力。而且，在炎热的夏天，如果要运动，早上的温度相对来说比较凉快一些。缺点：对于一些老年人或者是糖尿病患者来说，早上身体血糖比较低，如果没有吃饭就进行运动的话，很可能造成低血糖，持续性严重低血糖将导致不可逆性脑损害。

傍晚锻炼同样受以下四个方面的影响。

第一，环境情况。傍晚是一天中氧含量最高而二氧化碳含量最低的时候。

第二，人体情况。傍晚四点到七点这个时间段，人体内激素的活性比较高，且身体的适应能力及神经的敏感性各方面都是最好的，这个时间段人体的血压和心率比较低且平稳，是锻炼的最佳时机。

第三，最佳时间。傍晚四点到七点是最佳的运动时间。无论是古代还是现代，太阳西落，都是一天工作的结束，此时空气中的含氧量极高，这时候适当的运动不但可以释放工作的压力，还可以增强体魄。

第四，锻炼项目。研究发现人的肌肉力量峰值出现在傍晚五点到七点这个时间段，此时进行增肌锻炼最为合适。由于身体利用氧的能力在傍晚会达到峰值，进行慢跑、健身操、快步走等有氧运动也是不错的选择。研究表明傍晚锻炼更能促进心肺机能储备的增加。由于晚上的身体柔韧性高过白天，增强柔韧性的锻炼适合在傍晚进行。

傍晚锻炼也有利有弊。优点：空气含氧量较高，温度适宜，整体环境有利于运动。加上晚上时间方便且充裕，不会影响工作和学习。缺点：睡前剧烈运动可能会影响睡眠，因此要避免睡前 2 小时内做剧烈运动。另外，晚餐后运动可能会影响消化，所以餐后 2 个时后再运动为最佳。

总的来说，如果你是刚开始锻炼且时间方便，最好是傍晚运动。如果你已经养成固定时间运动的习惯，也没必要改，不管是什么时间，持之以恒就一定会获益，关键还是“坚持”二字。

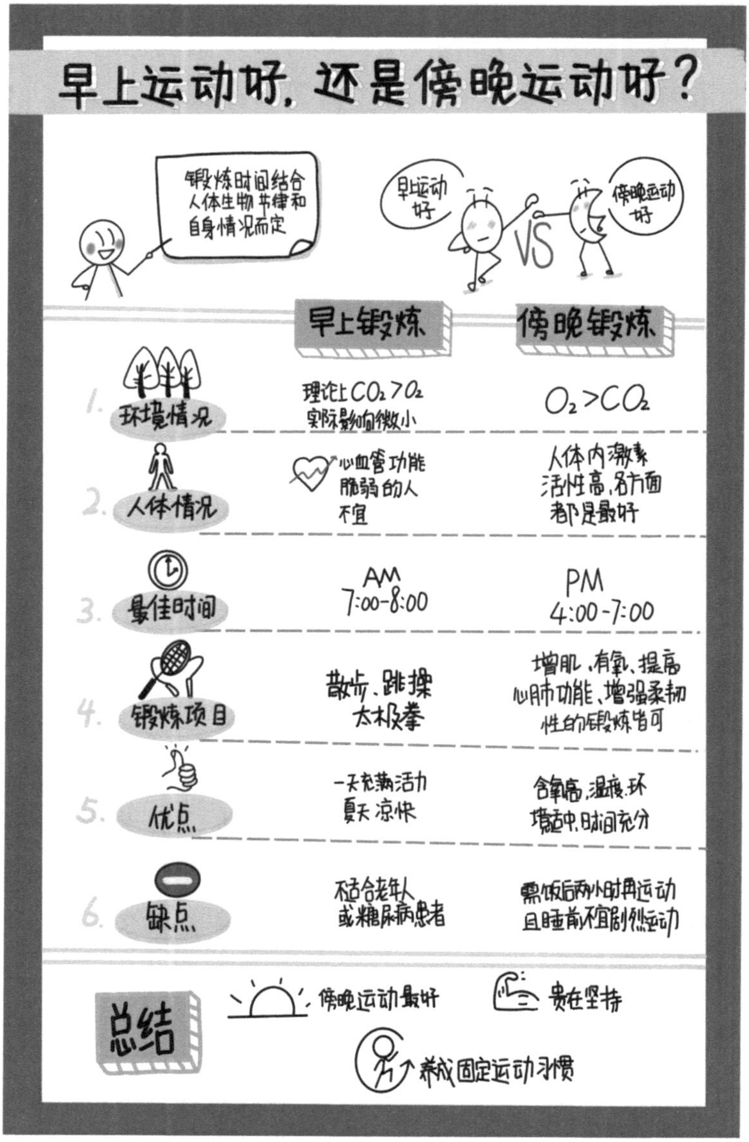

◆ 十四、 运动后洗热水澡好，还是冷水澡好

夏天运动完了难免一身汗，许多人喜欢在这个时候冲个冷水澡，感觉很痛快，运动后洗冷水澡好吗？

第一，运动后不能马上洗冷水澡。

①容易引起疾病。运动的时候，新陈代谢旺盛，体温升高，为保证身体充分散热，皮肤表面血管扩张，毛孔放大，排汗增多，这种现象在运动后需要一定时间才能恢复到原有状态，如果马上洗冷水澡，皮肤血管受冷刺激会立刻收缩，毛孔也会迅速关闭，体内大量热量不能发散，导致体温正常调节受到阻碍，身体对细菌，病毒的抵抗力减弱。原本隐藏在鼻腔，咽喉壁的细菌病毒此时会乘虚而入，引起感冒，咽喉炎，运动性关节炎等疾病。

②加重心脏负担。在剧烈运动的过程中，大量血液通过心脏收缩流向肌肉，皮肤。随着运动的停息，心脏也应当进行适当休息，这时如果马上洗冷水澡，皮肤和肌肉中的血管、毛细血管必定会受到冷刺激的作用骤然收缩，使回流到心脏的血液流量突然增多，加重了心脏工作的负担，这对心脏健康不利。

③造成头晕、头痛。在高温季节，运动后头部特别容易出汗，由于颅内的动脉血管丰富，对外界刺激很敏感，这时如果用冷水冲洗头部，有可能引起颅内血管功能异常，造成头晕、头痛、眼前发黑，甚至出现呕吐现象，严重的话，还可能引起颅内出血。

④容易引起抽筋。如果在剧烈运动后马上洗冷水澡，强烈的冷刺激作用于皮肤和肌肉，会造成体内神经调节活动的紊乱，引起抽筋。

第二，运动后也不能马上洗热水澡。

运动刚停止的时候，体内血液流动速度和心率虽然有所缓解，但仍然要持续一段时间，马上洗热水澡的话，血液在肌肉和皮肤内的流量会大量增加，剩余的血液不能供应身体其他器官的需要，尤其是心脏和脑部，此时更容易导致脑部缺氧，造成头晕胸闷等不适感，甚至心脏病突发。

第三，运动后洗冷水澡，还是热水澡？

对于没有洗冷水澡习惯的人来说，运动后洗热水澡比较好。热水洗澡除了能使皮肤和毛囊保持氢气，使毛细血管扩张，加快皮肤和肌肉血管内的血液循环，使皮肤更好地透气，机体散热加快，而且还能促进皮肤新陈代谢，加快体内乳酸代谢，使全身肌肉得到放松，尽快消除疲劳。

第四，运动完多久才可以洗澡呢？

运动后擦干汗，休息 1 小时左右，待身体散热差不多了，即可洗澡。

第五，水温控制在多少度合适呢？

一般以 35~40℃ 的温水为宜。这个温度的热水澡能安抚神经，使全身肌肉组织得到放松，还能起到一定的镇静、止痒、止痛、抗过敏等作用。虽然夏天身体遇热后会出更多的汗，洗完热水澡后可能会感觉更热，但稍微休息一下，就会感觉到凉意和舒适，神清气爽。

第六，出汗就洗澡好吗？

洗澡的次数不宜太多，因为次数太多会把皮肤表面正常分泌的油脂及正常寄生在皮肤表面的保护性菌群全部洗掉，容易引起皮肤瘙痒等症，同时皮肤的抵抗力也会因此而减弱，更容易得病。

此外，注意浴后饮水。洗澡后小口、多次喝些温开水，可以帮助放松心情，补充体内水分和加快新陈代谢。

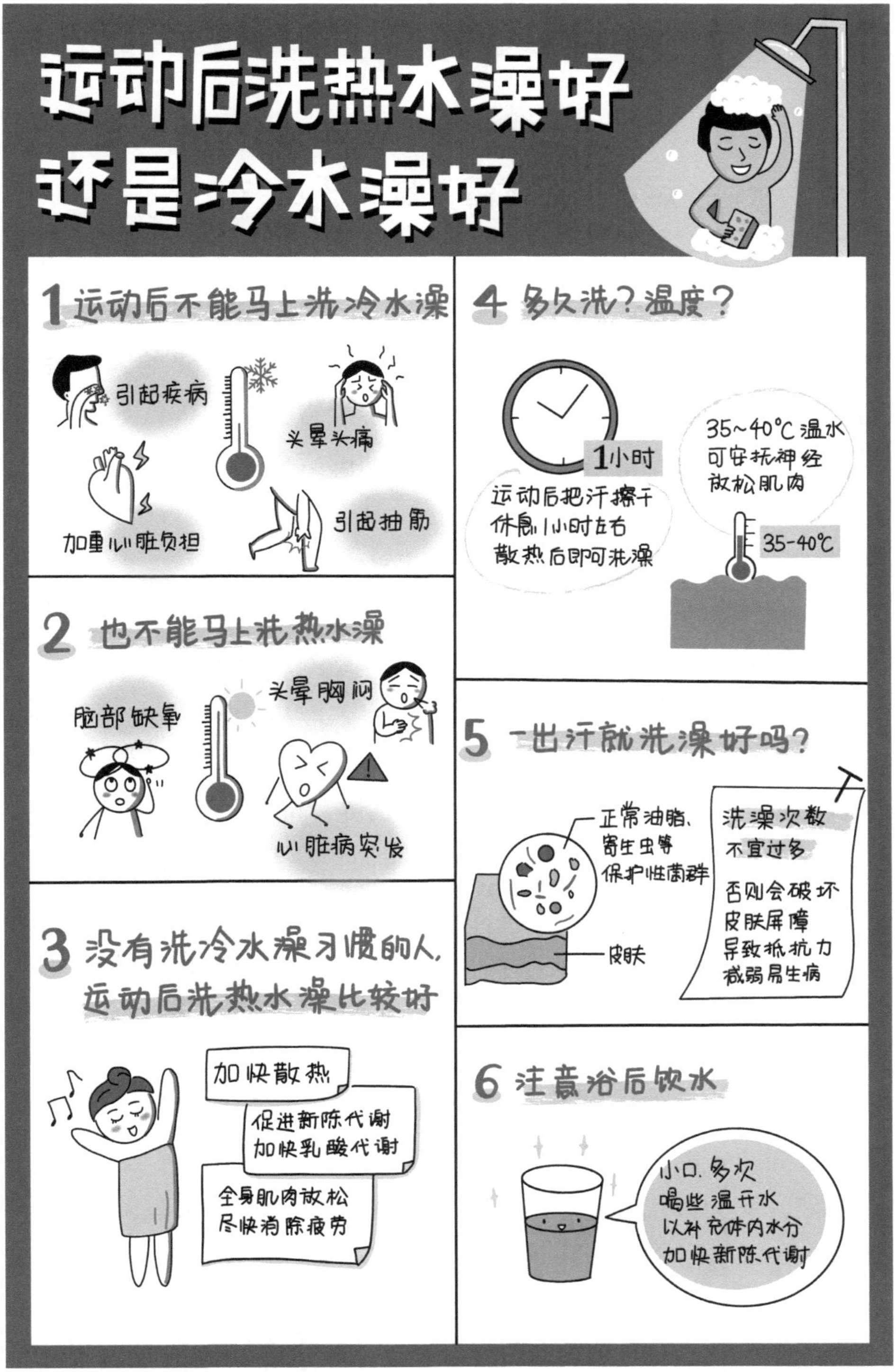
运动后洗热水澡好
还是冷水澡好
1 运动后不能马上洗冷水澡
引起疾病
头晕头痛
加重心脏负担
引起抽筋
2 也不能马上洗热水澡
脑部缺氧
头晕胸闷
心脏病突发
3 没有洗冷水澡习惯的人，
运动后洗热水澡比较好
加快散热
促进新陈代谢
加快乳酸代谢
全身肌肉放松
尽快消除疲劳
4 多久洗？温度？
1小时
运动后把汗擦干
休息1小时左右
散热后即可洗澡
35~40℃温水
可安抚神经
放松肌肉
35-40℃
5 一出汗就洗澡好吗？
正常油脂、
寄生虫等
保护性菌群
皮肤
洗澡次数
不宜过多
否则会破坏
皮肤屏障
导致抵抗力
减弱易生病
6 注意浴后饮水
小口、多次
喝些温开水
以补充体内水分
加快新陈代谢

◆ 十五、 运动的时候是不是出汗越多越好

“每天锻炼一小时，健康工作五十年，幸福生活一辈子”。人们运动的激情伴随着2008年奥运会的举办被点燃，越来越多的人将运动纳入自己的日常生活中来。我们的朋友圈中经常会出现挥汗如雨、大汗淋淋的运动照，这些照片上面往往是运动的成就感言，照片中那一颗颗的汗珠仿佛在向我们宣示着胜利，于是，很多人以出汗的多少来衡量运动效果，他们认为出汗越多，运动效果就越好。

生命在于运动，运动需要科学，运动时真的出汗越多就越好吗？答案是不一定。我们不能用单一的出汗量作为衡量运动效果的唯一指标。出汗虽然是我们调节体温的重要途径，但是在运动的过程中引起我们出汗的因素还是有很多的，比如运动场所的温度和湿度、运动时的着装、运动的强度、基础代谢率、性别等，都会影响我们的出汗量。

身体在运动时会随着肌肉不断收缩而产生热量，造成体温升高，为维持身体核心温度的稳定性，我们的身体会出现出汗反应，通过出汗来进行体温调节。通过对汗液的成分分析发现，汗液中超过98%的成分是水，其余不到2%的成分是我们的代谢废物、矿物质、蛋白质、氨基酸、维生素等。若运动过程中的出汗量少，我们自身体内的体液平衡就可以自动实现体内电解质和酸碱平衡的自我调节，将体内酸碱平衡维持在身体的可承受范围之内。若运动中大量出汗，如果我们不及时补液，就会因出汗造成体内的矿物质、钠、钾等大量流失，导致机体内电解质和酸碱平衡出现紊乱，电解质紊乱极大可能会使神经-肌肉系统出现功能障碍，造成肌肉无力、肌肉抽筋等。另外，大量出汗还会造成我们体内水分的大量流失，血容量下降、血液黏稠度增高，

导致身体排汗能力和散热能力下降，体温升高，严重时会出现脱水甚至中暑。综合来看，运动过程中并不是出汗越多越好。

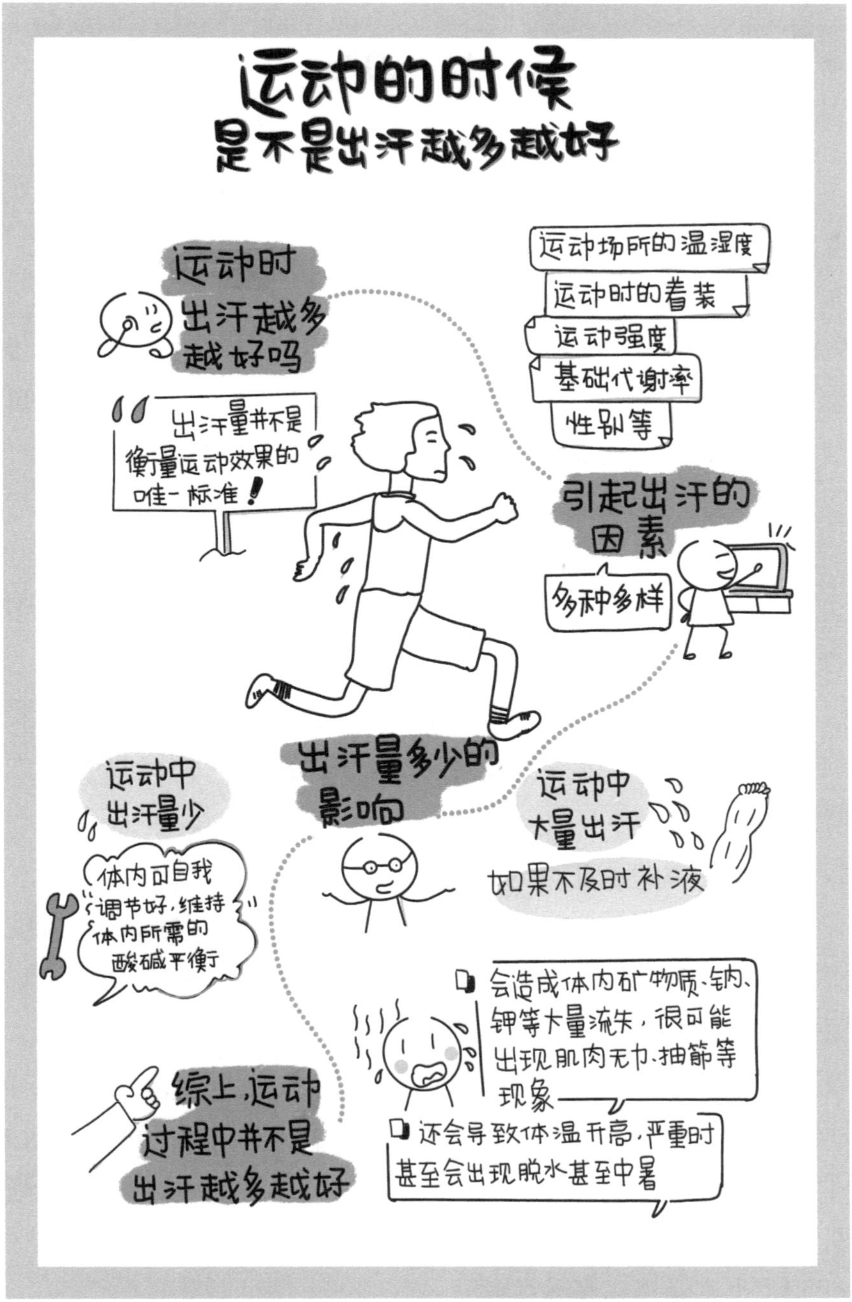

◆ 十六、 运动能提高免疫力吗

人人皆知，运动可以强身健体，那么运动能够提高免疫力吗？答案是肯定的，科学运动可以提高机体的免疫力。

为什么运动可以提高免疫力？

免疫力是人体自身的防御机制，是人体识别和消灭外来入侵的任何异物（如细菌、病毒等），处理衰老、损伤、死亡、变性的自身细胞以及识别和处理体内突变细胞和病毒感染细胞的能力。

适量运动能使免疫功能的白细胞总数短暂升高，几个小时后恢复正常。在白细胞数量升高期，身体能够消灭侵入的病原微生物。长期规律性运动能使机体的免疫功能增强，还能少量提高安静状态下免疫细胞的数量。

运动时体温升高，有利于细胞对病毒、细菌的吞噬，帮助身体阻止原微生物的入侵，抑制其在体内繁殖和扩散，从而提高身体的抵抗力，增强体质。

那么，进行运动就能提高免疫力吗？

实际上并不是你运动了就能提高免疫力的。长时间、大强度锻炼后会使我们体内的应激激素骤然减少，细胞免疫和体液免疫急剧失衡，体内免疫系统为恢复稳定性会对特定免疫机能进行暂时性抑制，造成抵抗力下降，也就是我们常说的免疫细胞因为“太累”，正在休息。可见，偶尔的运动与过度的运动都不能起到提高身体免疫力的效果，甚至可能伤害身体；只有长期坚持适量的规律性运动，才能提高自身的免疫力。

如何运动才能提高免疫力呢？

首先，运动方式要适宜。我们要根据自身体质和运动习惯，选择自己能够长期坚持下去的运动方式。建议刚开始进行运动的人，选择自己熟悉、喜欢、简单、难度小的运动方式，如快走。

其次，运动量要合理。我们可以通过对每次运动时间的控制来实现运动量的把控。推荐运动量为每周运动 3 次，每次运动时间为 30 分钟，运动的强度以心率、呼吸加快且微微出汗为宜。

最后，运动持续才有效。一般持续运动 12 周免疫力可能才会提高，且 12 周后仍需要继续坚持运动。

总的来说，运动是我们提高免疫力的手段之一，与饮食和睡眠结合起来效果会更好，我们要在坚持科学运动的同时，保持多元化的饮食和充足的睡眠，做到三位一体劳逸结合，为我们的健康保驾护航。

运动能提高免疫力吗?
Why 运动可以提升免疫力?
适量运动
细胞总数
病原微生物
免疫功能
细胞增多
消灭侵入的
病原微生物
免疫提升
体温升高
体温升高
有利于细胞
吞噬病毒、细菌
Can 进行运动就能提升免疫力?
偶尔
过度
太累
伤害
长期
规律
适量
提升
如何运动能提高免疫力? How
喜欢
简单
难度小
每周3次
每次30分钟
12周
• 运动方式适宜
• 运动量合理
• 持续运动
科学运动
免疫力

◆ 十七、运动时岔气怎么办

岔气又称急性胸肋痛，是指运动时特别是跑步中，胸肋部产生的疼痛，其实质是呼吸肌（肋间肌和膈肌）的痉挛。岔气多见于举重、推车、跳跃、攀高、挑抬或搬运重物时，用力过度或不当时，多发生在右下肋部，在动作停止后可自然消失。

造成岔气主要是呼吸肌因紧张而发生痉挛。运动中的岔气主要发生在以下三种情况。

第一，剧烈运动之前准备活动不够或未做准备活动。剧烈运动时肌肉进入紧张状态，由于内脏器官惰性比较大，不能马上活动起来，无法满足肌肉活动所需要的原料和氧气，致使呼吸肌紧张而痉挛。

第二，身体活动需氧量加大的时候，呼吸不得法。活动耗氧量加大时，只是加快呼吸频率而呼吸表浅，致使呼吸肌紧张而导致痉挛。

第三，长期没有参加体育活动或天气过冷，以及大量出汗会使体内氯化钠含量降低，此时也能引起“岔气”。

运动时发生了岔气，尝试下面几种方法，可以缓解疼痛。

第一，降低运动强度。出现岔气以后，一般不要马上停下，要慢慢地停下，等待疼痛缓解。

第二，把两手往上伸到头顶上，两手手指交叉，手掌向上外翻，深呼吸，使机体逐渐放松。

第三，用手掌稍用力按压腹部疼痛部位，并弯腰对横膈膜进行拉伸放松。

第四，躺在床上或垫子上，反复滚动数次。

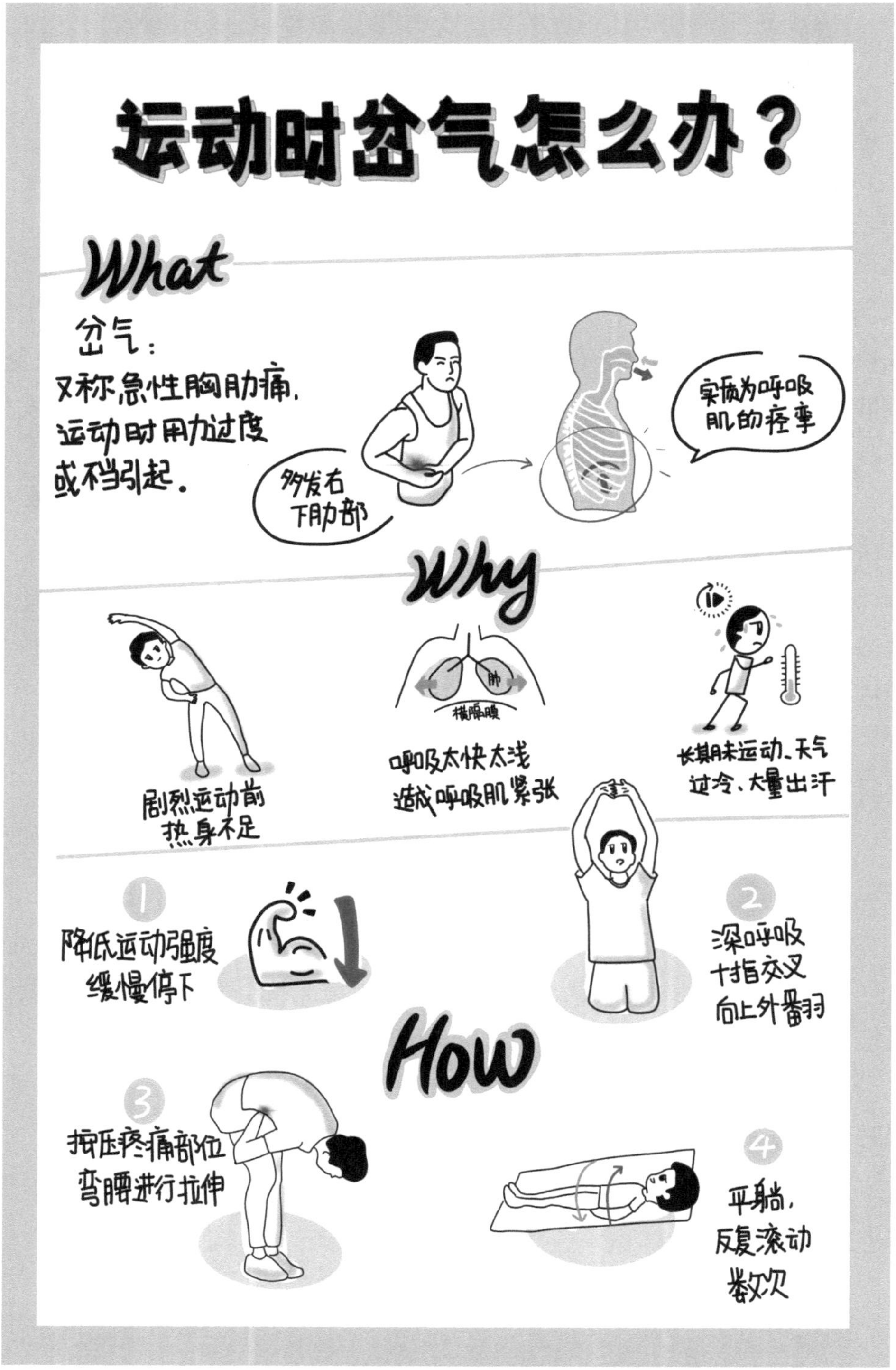
运动时岔气怎么办？
What
岔气：
又称急性胸肋痛，
运动时用力过度
或不当引起。
多发右下肋部
实质为呼吸肌的痉挛
Why
肺
横膈膜
剧烈运动前热身不足
呼吸太快太浅造成呼吸肌紧张
长期未运动、天气过冷、大量出汗
How
1
降低运动强度缓慢停下
2
深呼吸
十指交叉
向上外翻
3
按压疼痛部位
弯腰进行拉伸
4
平躺，
反复滚动
数次

◆ 十八、 如何预防运动时岔气

运动中岔气主要是由呼吸肌紧张所致，这里的呼吸肌多指膈肌。膈肌位于横膈膜，是胸腔和腹腔之间的一块肌肉，在呼吸中起着重要的作用。吸气时，膈肌收缩，横膈膜下降，胸腔体积增大，这样我们就可以吸入更多的空气；而呼气时，膈肌放松，横膈膜上升，这样就加速了肺部气体的排出。所以，膈肌的主要作用是参与呼吸。如果膈肌承受太多压力时，就会产生疲劳或者抽筋。

研究证实，一些有效策略可以大大减少岔气的发生。

第一，加强核心力量。

所谓核心力量，就是腰腹部力量，腰腹部位于我们身体中间（核心）。核心力量的训练也就是腰腹部的训练。

建议每周进行 3 次，每次 10 分钟的核心区加强训练，如平板支撑、卷腹、俯卧挺身等动作，或者定期练习瑜伽或普拉提，这样有助于加强膈肌力量，可以更好地增强腰腹耐力，抵御疲劳，不至于引发岔气。

此外，更强的核心区训练也能帮助健身爱好者降低受伤的风险，因为强有力的核心力量可以为下肢发力创造稳定的动作支点和优良的躯干支撑。进行运动时，核心不稳定，这样既增加了能耗，也损失了动能，甚至引发岔气。

第二，运动前有选择吃。

在运动前什么时候吃，吃什么，都有可能会对岔气产生影响。当你运动时，如果你的体内仍然有食物没有消化完全，那么就会有少部分的血液会流向横膈膜，这便可能引起膈肌痉挛。

运动前1~2小时要尽量避免食用脂肪含量高的食物，也要避免食用富含粗纤维的食物。众所周知，脂肪含量高的食物需要消化的时间相对较长。早上吃根油条，到中午仍然有很强烈的饱腹感，不想吃午饭，就是因为油条的脂肪含量实在是太高了。粗纤维食物，如燕麦、玉米等，一直被誉为健康食物而备受推崇，但粗纤维食物也有弊端，这是因为膳食纤维会吸收消化道的水分，可能引发胃胀和产气。研究还发现，运动前饮用含糖量高的蔬菜汁和果汁，也有可能引起岔气。所以，当你经历岔气的时候，回忆一下跑步前那顿饭吃的是什么，不断总结经验，学会更合理地运动前进餐。

运动前饮食基本要求是“三少一高”：三少是指食物体积少、含产气食物少，食物含粗纤维少；一高是食物的热量高。这样做才能有效地减少高强度跑步可能引发的岔气。

第三，做好运动前热身活动。

一开始就是大强度运动，也许可以节省你的时间，但它会形成不规律、急速的呼吸模式，会加重膈肌的缺氧，从而引发膈肌痉挛。运动前做好热身运动，以5~8分钟为宜，逐渐过渡到大强度运动。

第四，加大呼吸深度。

如果呼吸太浅，气体在呼吸道来回进出，真正有效可供交换的气体减少，此时呼吸效率反而是降低的。因为浅快的呼吸不能提供足够的氧气来供给肌肉，包括膈肌。深吸气和深呼气，尤其是深呼气，可以帮助减少岔气的发生。

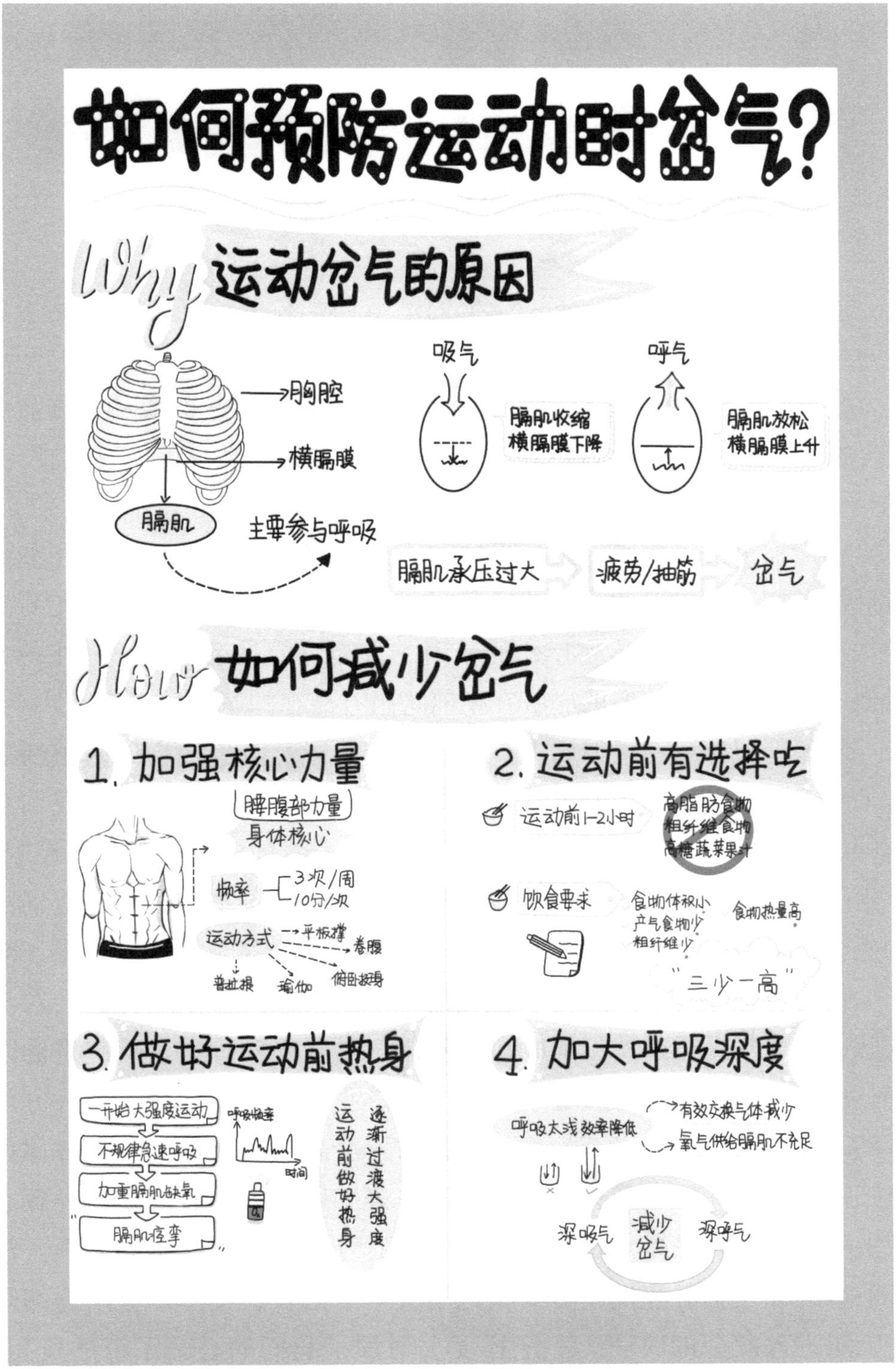

如何预防运动时岔气？
Why 运动岔气的原因
胸腔
横膈膜
膈肌
主要参与呼吸
吸气
膈肌收缩
横膈膜下降
呼气
膈肌放松
横膈膜上升
膈肌承压过大
疲劳/抽筋
岔气
How 如何减少岔气
1. 加强核心力量
腰腹部力量
身体核心
频率
3次/周
10分/次
运动方式
平板撑
卷腹
普拉提
瑜伽
俯卧挺身
2. 运动前有选择吃
运动前1~2小时
高脂肪食物
粗纤维食物
高糖蔬菜果汁
饮食要求
食物体积小
产气食物少
粗纤维少
食物热量高
"三少一高"
3. 做好运动前热身
一开始大强度运动
不规律急速呼吸
加重膈肌缺氧
膈肌痉挛
呼吸频率
时间
运动前做好热身
逐渐过渡大强度
4. 加大呼吸深度
呼吸太浅效率降低
有效交换气体减少
氧气供给膈肌不充足
深吸气
减少岔气
深呼气

◆ 十九、 戴口罩跑步会不会导致猝死

在新冠病毒肆虐的当下，学生们刚返回学校就出现了几起关于学生戴口罩跑步猝死的新闻报道，这几起猝死的案例之所以能够引发社会高度关注，主要是猝死人群为在校学生并且事发时均是戴着口罩进行跑步锻炼。一时间“戴口罩跑步会不会导致猝死”引起了人们广泛的讨论。

面对血淋淋的例子，我们更应该客观冷静地分析这几起意外事件背后的原因。首先要明确的是，运动猝死与戴口罩跑步之间有无明确的关系尚无定论。这几起猝死的原因一方面可能是运动，而另外一个重要的方面可能是他们的心脏在生前均患有潜在的基础性疾病。

随着新冠病毒疫情的肆虐，大家都采用居家隔离的方式来阻断病毒的传播，长时间的居家隔离，多数人是不进行锻炼的，所以我们身体的各项机能均会有不同程度的下降。伴随着我国疫情得到有效控制，学生陆陆续续返校复学，为有效防止新冠病毒的传播，很多爱运动的学生会戴着口罩上体育课和进行游戏，个别学生甚至戴多层口罩。对于少数患有隐性心脏疾病的学生来说，运动时候戴口罩一方面会对流入肺部的空气进行过滤，同时也会对氧气的吸入和呼出造成一定的阻碍，也就是说，口罩无形之中变成了阻碍我们呼吸的屏障；另一方面运动时候身体需氧量显著地增加，戴口罩会明显影响呼吸，造成体内氧气需求和摄入的供需失衡，使血液流经肺部的氧结合不足，导致心率上升血液供氧提高，心肺负担加重；随着运动时间的增长，很久没有锻炼的呼吸肌会产生疲劳，相比不戴口罩而言，戴口罩会阻碍缩短呼吸肌进入疲劳的时间，一定程度上增加了我们的心肺系统的负担，

严重的氧气供需失衡会增加心率失常和诱发隐性心脏疾病的概率。

总的来说，健康人群短时间戴口罩参加运动虽不会导致猝死，但也会增加我们心肺系统的负担，容易形成口罩阻隔导致呼吸不畅，心肺因摄氧不足而心跳加快，极大地降低了我们的运动体验。复学复课后，学生人群在上体育课时是否佩戴口罩可以根据当地疫情进行科学研判，若必须佩戴口罩，也最好不要佩戴 N95 类密闭性较好的口罩。另外，体育课内容的选择也应该考虑疫情对我们身体各项机能的影响，应酌情减小体育课的运动量和运动强度。

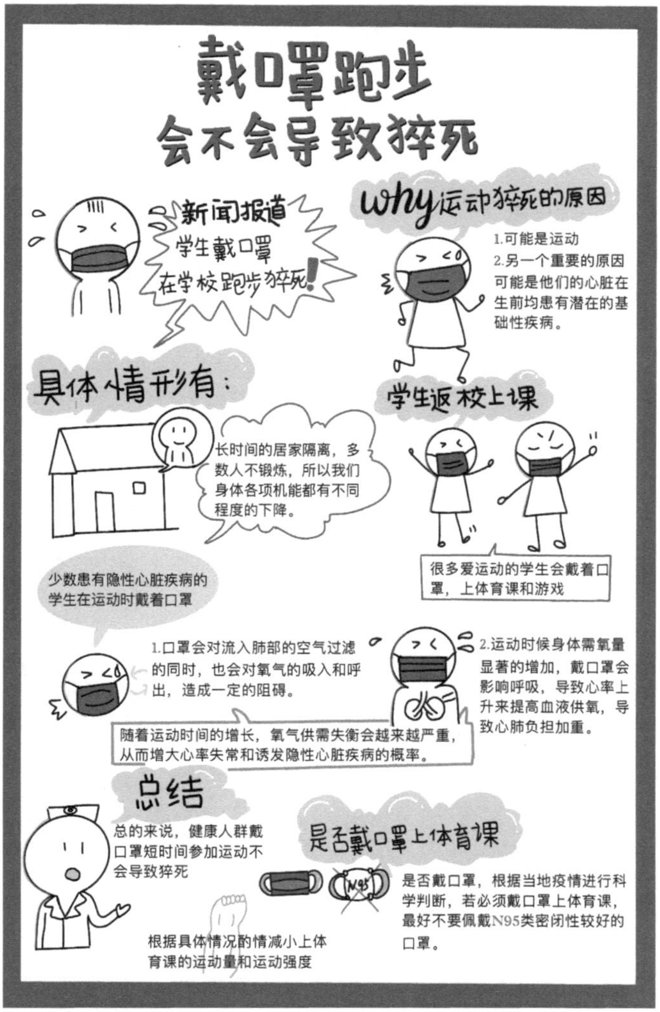

◆ 二十、 感冒后能不能进行运动

伴随着季节的交替，很多人由于气温的不稳定而容易感冒，有运动习惯的人一天不运动就会感觉浑身难受，他们认为，自己有运动习惯，感冒服药后是可以去活动的，这样不仅精神舒爽，还可以提高自身的血液循环，增强抵抗力。但也有一些人认为感冒后是不能运动的。那么感冒后到底能不能进行运动呢?

感冒后能不能运动要看我们的脖子。很多人这就不明白了，感冒后运动怎么跟脖子扯上关系了?全球顶尖的医疗机构梅奥诊所专家建议，若感冒仅表现在脖子以上的部位，如流鼻涕、鼻塞、打喷嚏等轻微症状，是可以进行运动的，但是运动时间和运动强度要适当地控制，应避免高强度的活动。适宜进行一些舒缓的有氧运动如慢跑、快走、瑜伽或太极等。

这里需要特别提醒的是，感冒后不建议去健身房等人员密集的场所进行运动。一方面健身房多为室内密闭空间，空气流通效果不是很好，对身体康复不利；另一方面健身房等场所人员密集，容易将感冒传染给其他人。

最后要注意的是，感冒后参加运动时和运动后都要及时补水，防止运动过程中因出汗而造成身体脱水，不利于我们的身体康复。感冒后参加运动的时候还要时刻注意自身感受，若出现胸闷、胸痛等明显不适症状，应立即停止运动，找出不适的原因并及时就医检查治疗。

最重要的一点是，当脖子以上的症状比较严重时，我们最好也不要进行运动。

如果症状出现在脖子以下，我们是不建议进行运动的，因为这个时候身体需要的不是运动，而是休息。如果出现头痛、发烧、浑身无力或酸痛、无精打采等情况，应及时休息、治疗，这个状态下强行运动不但不能促进身体康复，反而会使病情加重。

总的来说，对于感冒后能否参加运动大家都认为感冒期间都应以居家休息为主，而对于感冒后避免剧烈运动的结论，大家还是持赞同意见的。如果我们有运动习惯且感冒症状较轻仅表现脖子以上，这种情况可以适当进行快走、瑜伽等小负荷运动，加快血液循环和新陈代谢水平，以此来缓解感冒症状。

◆ 二十一、 通过运动来解酒可行吗

运动已经被越来越多的人列为自己生活的一部分，但是有的人喜欢在运动前喝点小酒来舒筋活血，还有些人则因为应酬喝酒后，希望通过运动排汗来达到解酒的效果，这样的方式和观点正确吗?

第一，需要明确的是喝酒不运动，运动不喝酒。酒精是运动的克星，酒精会促进血液循环，使心跳加快，酒后运动会加大心血管负担增加猝死的风险。

第二，酒精会增加运动损伤风险。一方面，酒精会先刺激大脑皮层出现短暂的兴奋，然后会对大脑进行抑制，防止其过于兴奋，这时候我们的注意力、判断力都处于抑制状态；另一方面，酒精对我们神经系统也有一定的麻痹作用。若在上述状态下进行运动，运动损伤风险自然会成倍地增加。

第三，酒精会增大运动的疲劳感。运动过程会因为供能需要产生一定的乳酸，而酒精在体内分解也会产生乳酸，这样就会进一步增加体内乳酸堆积的风险，乳酸堆积的外在表现轻则会出现运动后疲劳，重则会造成肌肉酸痛。

第四，酒后运动不利于解酒。酒精是通过肠胃和肝脏进行吸收、分解和代谢的，运动过程中体内血液会向四肢及躯干部位的肌肉进行汇集，使肠胃和肝脏的供血量减少，这一定程度上也延长了酒精在体内代谢的时间，不仅对醒酒无益，还会增加酒精对肠胃和肝脏的伤害。

第五，酒后运动会增加脱水风险。运动的过程会产生热量，为了维持正常的核心体温，身体会通过排汗带走多余的热量，这样我们身体才会保持正常地运行。然而酒精会抑制体内抗利尿激素的产生和释

放，同时抑制身体对水分的重吸收，导致尿液增加。由于我们体内的水分总量是一定的，运动会增加体内水分的排除，而酒精又会抑制身体对水分的重吸收，这样一来身体脱水的风险就进一步增加了。

总的来说，酒精对运动是百害而无一利的，我们不建议在酒后进行运动。那么喝酒后多久才能运动呢？

酒后多久可以进行运动主要根据个人体质状况和饮酒量的多少来判断，若体质较好且少量饮酒，体内的酒精可在 6 小时左右通过新陈代谢排出体外，也就是说酒后 6 小时可以进行一些运动强度和运动量较小的运动。若体质较弱或饮酒量达到浅醉级别，酒精在体内代谢的时间就会更长，一般在不醉酒的情况下酒后 24 小时可进行一些舒缓运动。若达到醉酒级别则建议在酒后 48 小时甚至更长时间再进行小强度运动。

通过运动来解酒可行吗
喝酒不运动
运动不喝酒
我通过运动来解酒可行吗？
不行！酒后运动会加大心血管负担增加猝死的风险
喝酒后运动的害处
运动时身体会通过排汗带走大量的热量
酒精会抑制身体对水分的重吸收，导致尿液增加。所以酒后运动会增加脱水风险
运动在一定程度上延长了酒精在体内代谢的时间。不利于醒酒，还增加酒精对肠胃和肝脏的伤害
酒精分解会增加体内乳酸堆积，增大运动的疲劳感
酒精会增加运动损伤风险
喝酒后多久可以运动
主要根据个人体质和饮酒量多少来判断
≥48h后，小强度运动
不醉酒24h后，可进行一些舒缓运动
酒后6h
运动强度和运动量小的运动
醉酒级别
体质较弱或浅醉级别（饮酒量）
体质较好
少量饮酒

◆ 二十二、每日一万步真的科学么

俗话说，“饭后百步走活到九十九。”走路具有装备简单、场地不受限制和时间可以自己灵活掌握等特性，一直被人们视为健身的重要手段之一。但是每天走多少步、走多长时间，很多人就不清楚了。微信、支付宝等运动页面先后推出了排行榜，榜单上我们可以看到，步数多的每天有三五万步，步数少的也有几百步，健身圈甚至还广泛流传每日一万步才是健身的基准线。那么，每日一万步真的是科学健身的标准吗？

要想回答这个问题，我们需要从“每日一万步”的提出者来说起。“每日一万步”是有明确出处的。根据美国 BBC 纪录片《健身的真相》中的介绍，“每日一万步”的口号最早起源于日本，是日本的计步器商家在 20 世纪 60 年代中期为了宣传其产品所提出来的。

你没有看错，“每日一万步”是计步器厂家的宣传口号，也就是说每天走一万步可以促进身体健康是没有科学依据的，那么我们应该走多少步合适呢？根据《中国居民膳食指南（2019）》建议成年人应该遵循“动则有益、贵在坚持”的原则，根据个人体质状况按正确的走路姿势科学选择每日的运动强度和运动时间。我们可以根据运动过程中即刻 15 秒的心率来判断运动强度，心率在（170−年龄）次/分左右为宜，而运动时间则以 30 分钟左右为宜，具体适合您的每日走的步数可以在科学控制运动强度和运动时间的基础上自行计算出来。

这里还需要说明的是，锻炼身体看重的是锻炼质量而不是运动步数。切忌为了炫耀或攀比而在不增长运动时间的基础突然大幅增加运动步数，运动步数的增加要循序渐进，量力而行。

很多人不考虑自己的年龄、体重等因素，单纯为了更多的步数而采用大步快走方式来达到目的。其实，这种大步快走对下肢肌肉和关节会产生不可逆的损伤，这也是我们常常看到或听到“某个健身爱好者走着走着就走不动了”的重要原因。动辄几万步的“暴走”会因关节肌肉力量不足和运动疲劳使我们的动作变形，对髋关节、膝关节、踝关节及脚后跟等关节的肌肉和软骨造成较大磨损，甚至可能引起疲劳性骨折。

总的来说，走路是一种健身方式，“每日一万步”仅仅是一个口号，我们可以根据自身参加运动的目的来科学判断自己合适的运动强度和运动时间，不要盲目地跟风。运动之前最好请专业人士评估，或者去专业机构进行体能测试，这样不仅对自身状况有一个明确的认识，还能找到最适合自己的运动强度和运动量。运动过程中通过对运动强度和运动量的自我把控，最大限度地降低过度运动给身体带来的损伤，同时通过专项力量、柔韧练习对身体进行全方位的锻炼，实现运动强度的科学调整和运动损伤的预防，最终达到科学健身的目的。

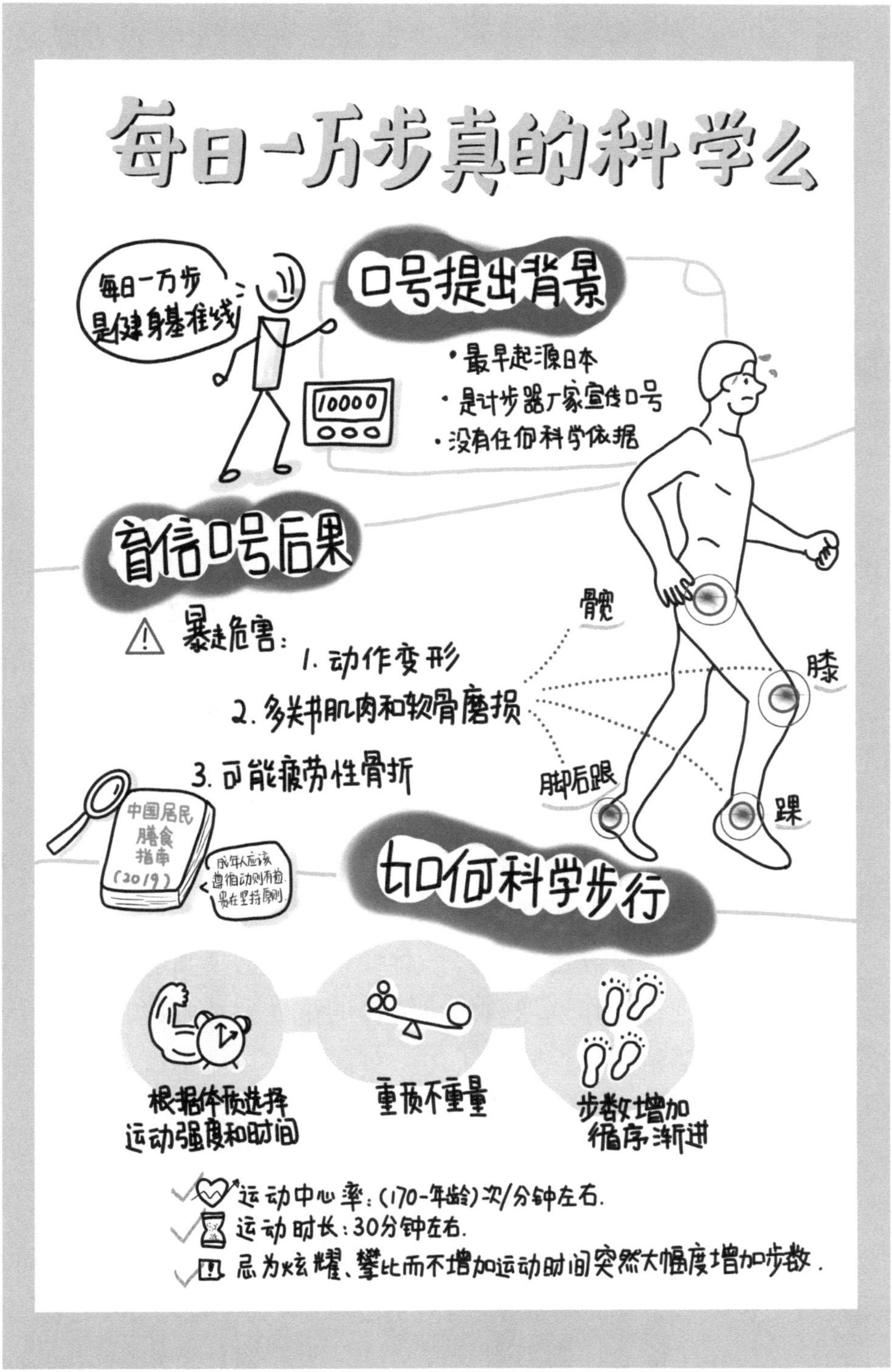
每日一万步真的科学么
每日一万步
是健身基准线
10000
口号提出背景
•最早起源日本
•是计步器厂家宣传口号
•没有任何科学依据
盲信口号后果
暴走危害：
1. 动作变形
2. 多关节肌肉和软骨磨损
3. 可能疲劳性骨折
髋
膝
脚后跟
踝
中国居民
膳食
指南
(2019)
成年人应该
遵循动则有益.
贵在坚持原则.
如何科学步行
根据体质选择
运动强度和时间
重质不重量
步数增加
循序渐进
运动中心率：(170-年龄)次/分钟左右.
运动时长：30分钟左右.
忌为炫耀、攀比而不增加运动时间突然大幅度增加步数.

◆ 二十三、 女性生理期能参加体育运动么

生理期是指女性有规律的、周期性的子宫内膜脱落，可引起子宫出血，周期一般为 23~45 天。女性在生理期期间一般不宜吃太咸、太辣的食物，不宜饮酒，不宜吃生冷蔬菜水果，不宜喝冰冷的饮料及不宜穿紧身衣裤等。一般在生理期的前几天和生理期间女性的体力与运动表现均会出现一定程度的下降，该段时间自然不应进行体育锻炼，否则会导致月经不调或给身体带来不良的影响。实际上，身体健康、月经正常的女性在经期适量参加体育运动对身体还是有益的。

体育运动能有效改善和提高人体的机能状态，促进全身的血液循环，盆腔内血液循环的增强在一定程度上会减少局部充血，减轻经期的不适感。此外，运动还会刺激腹壁和盆底肌进行收缩和舒张，这相当于对子宫进行了物理按摩，非常有利于经血的排出。

生理期的身体较平时毕竟还是有差异的，女性健身者在进行体育运动的时候需要注意以下几点。

首先，运动项目最好选择我们平日经常参加的项目。较陌生的运动项目在生理期进行动作选取时候，动作的难度要适当降低。这样做的好处是我们能够精准把控降低了运动难度后的运动强度，有效地避免因身体不适带来的运动损伤风险。

其次，运动强度要适当降低。在生理期进行运动我们可以在运动频次不变的情况下，通过增加间歇时间、缩短总运动时间等方式来降低我们运动的强度。这样不但能保证我们各项身体机能的维持，而且一定程度上也降低了运动对我们身体的刺激，减轻了运动的不适感。

最后，一定不能参加剧烈运动或震动过大、倒立及水中运动等项

目。剧烈运动容易使精神高度紧张而导致内分泌功能紊乱，出现痛经、月经失调等症状。倒立类运动则容易造成经血回流，增加二次感染的风险。身体对抗强烈或震动过大的运动如跳高、跳远、篮球、足球等，运动过程会对身体产生过强的反作用力而增加身体的不适感。避免各类水中运动项目，一方面冷水容易对身体造成刺激而导致月经失调，另一方面水中运动容易使水进入身体增大感染及妇科疾病的风险。

总的来说，生理期规律的女性在生理期参加运动是可行的，但是运动项目的选择要尽量规避受凉、劳累及对身体刺激较大的运动项目，原则上以相对舒缓、放松肌肉的温和运动为主。需要特别注意的是，月经不调、严重痛经及患有妇科病的女性，生理期间是不建议参加体育运动的。

女性生理期能
参加体育运动么
何为生理期
日历
• 对象为女性
• 有规律及周期性
(25-45天)
• 子宫内膜脱落
引起出血
• 期间体力及运动表现
一定程度下降
生理期如何运动及其好处
好处
提高身体
机能
促进血液循环
减少不适
刺激子宫收缩
排出经血
运动方式
日常项目
难度降低
强度降低
非水中、倒立
或其他剧烈运动
注意事项
避免着凉、劳累
以温和运动
为主
月经不调、痛经、
妇科病，生理期
不运动

◆ 二十四、 日常体力活动算不算体育锻炼

在我们现实生活中经常会听到这样一句话，“我今天干了很多家务，能量消耗了很多就不用进行体育锻炼了”，或者“我每天工作强度都很大，就不参加体育锻炼了。”但是，日常体力活动就等于锻炼了吗？

要想回答这个问题就要搞清楚体力活动和运动之间的定义和关系。运动是指可促进身体健康的身体活动，而体力活动是指人们通过运动器官进行物质资料生产的过程。虽然他们都是通过运动器官进行的，但是两者的目的是不同的，运动的最终目的是促进身体健康，而体力活动的目的是生产物质资料。虽然体力活动也可以对自身运动系统产生一定的刺激，一定程度上起到了锻炼身体的作用，但是与运动还是两回事。

第一，我们要明确运动与体力活动之间是不能画等号的。因为运动是通过对不同身体部位、不同数量和强度的变化来刺激全身的肌肉，最终实现增强体质的目的；而体力活动则是通过重复刺激某一个或几个部位进行重复运动，刺激的范围仅仅局限在几个组织或器官，不能对全身的组织和器官进行协调的刺激，这也就是体力活动不能代替运动的主要原因。

第二，运动与体力活动的运动方式在主观意识上是不同的。运动是以对人体进行全方位的刺激为出发点，运动方式的选择是我们主观意识的体现，可以多种多样，不局限于某一个或几个动作千百次的重复，而是以全身不同身体素质的发展需要而进行的针对性练习。体力活动的运动方式则是不以主观意识而改变的，仅仅局限于身体局部，

通过反复的活动和少数的运动姿势甚至固定的运动姿势来完成生产，可以认为是对某一部位技能增强和重复的过程，每天这个部位必须要完成千百次的重复。

第三，运动与体力活动后对身体产生的效果是不同的。虽然运动和体力活动都会使身体产生疲劳，但是运动可以通过对不同部位的锻炼来让不同部位的肌肉和神经得到适当休息，持之以恒，通过多部位运动锻炼形成对不同部位的神经刺激，有效增强身体素质；体力活动则是日复一日地对某一部位的肌肉和神经进行刺激，造成这些部位的肌肉和神经长期处于疲劳状态，长此以往会造成肌肉劳损甚至出现身体局部长期酸痛。这也是我们运动后会一定程度上消除工作带来的疲劳感，使我们精力更为旺盛，而体力活动只会造成我们局部肌肉劳损甚至职业病的原因。

总的来说，单纯的体力活动不能代替运动，虽然两者都会对我们身体造成疲劳和刺激，但是运动可以对我们身体进行全方位的肌肉和神经刺激，达到强身健体的目的，而体力活动仅仅刺激某一个或几个部位的肌肉和神经，且我们心肺耐力、柔韧等素质在体力活动中不能得到很好的锻炼，建议体力活动者针对性地进行一些替补性锻炼，将运动与体力活动合二为一，最终实现增强体质的目的。

日常体力活动算不算体育锻炼

我今天干了很多家务
能量消耗很多
不用体育锻炼了

我每天工作
强度很大，
就不参加体育
锻炼了

体力活动≠运动

目的不同

体力活动是指人们通过运动器官进行物质资料生产的过程

运动是指可促进身体健康的身体活动

为什么体力活动不能替代运动

刺激范围

体力活动
重复刺激某一个或几个部位，不能对全身组织器官协调刺激

运动
可以通过不同数量和强度刺激全身肌肉

主观意识

体力活动运动方式不以主观意识改变，只是重复、少数甚至固定的姿势

运动方式可主观选择，多种多样，
可全方位发展身体素质，按需针对性练习

身体效果

体力活动会造成肌肉长期疲劳、劳损，甚至职业病

运动可增强身体素质，消除疲劳，精力旺盛

总结建议

体力活动者针对性进行替补性锻炼

将运动与体力活动合二为一增强体质

◆ 二十五、 为什么运动可以促进身高增长

有些人看篮球运动员个个都是大高个儿，就认为运动会促进孩子身高的增长。有些人也会说，体操运动员的身高都不是很高，他们认为运动会阻碍孩子身高的增长。那么运动到底是促进孩子身高的增长还是阻碍孩子身高的增长呢？

科学研究表明，运动对孩子的长高是有促进作用的，那么运动是怎么促进骨骼的生长的呢？

第一，骨骼和其他器官一样，需要不断地进行新陈代谢来实现生长，我们的孩子在跑、跳、下蹲等运动时会对长骨两端骨骺进行刺激，促进其生长和钙磷等矿物质在骨内沉积；另外运动还会提高全身新陈代谢水平，为长骨等骨骼的充分生长和发育提供有利条件。

第二，运动可以提高孩子的食欲，增加能量消耗，促进肠胃蠕动，一定程度上防止了孩子挑食和偏食，同时也有效弥补了微量元素的摄入不足，使营养更加全面，而营养全面又是骨骼、肌肉生长的物质基础。

第三，运动还可以改善睡眠，提高睡眠质量。促进身高增长的生长激素在睡眠时候的分泌量是平时的三倍以上，充足的睡眠会给身体充足的时间来保障生长激素的分泌。另外，孩子在睡眠的时候，脊柱、髋部、膝部和踝部关节的软骨都处于放松状态，摆脱了重力对关节的压迫，这也进一步为关节软骨的生长创造条件，有利于骨骼的发育。

第四，运动有利于维生素 D 的合成，维生素 D 能够促进孩子对钙的吸收，钙是骨骼生长的必备物质，所以钙的充分吸收是孩子生长的必备条件。

第五，运动还可以刺激孩子的肺部发育，改善体内循环，增加机体供氧能力，从而起到改善骨骼生长环境的重要作用，最终达到促进生长的目的。

讲了这么多运动促进孩子身高增长的好处，很多家长就会问了，是所有的运动都会促进孩子长高吗？答案是否定的，并不是所有的运动都适合孩子参加，如摔跤、举重、负重练习、过度运动对孩子的生长都是不利的。孩子可以参加各种球类、跳绳、体操、舞蹈等运动，特别推荐孩子多进行摸高或者跳绳类运动，因为这两类运动会对孩子骨骺生长产生一定的刺激，也会促进下肢的生长和力量增强。

但是需要特别注意的是，不论孩子进行何种形式的运动均要先热身，热身后对其运动量进行控制，防止出现运动过量，此外，运动后一定要有拉伸，运动后的拉伸不仅能缓解运动后的疲劳，还可以有效巩固运动的成果。

总的来说，适量运动对孩子长高有积极的促进作用，但是需要注意的是运动对身高的改变并非一蹴而就，需要科学的运动、全面的饮食和规律的生活作息相结合才会有明显效果。

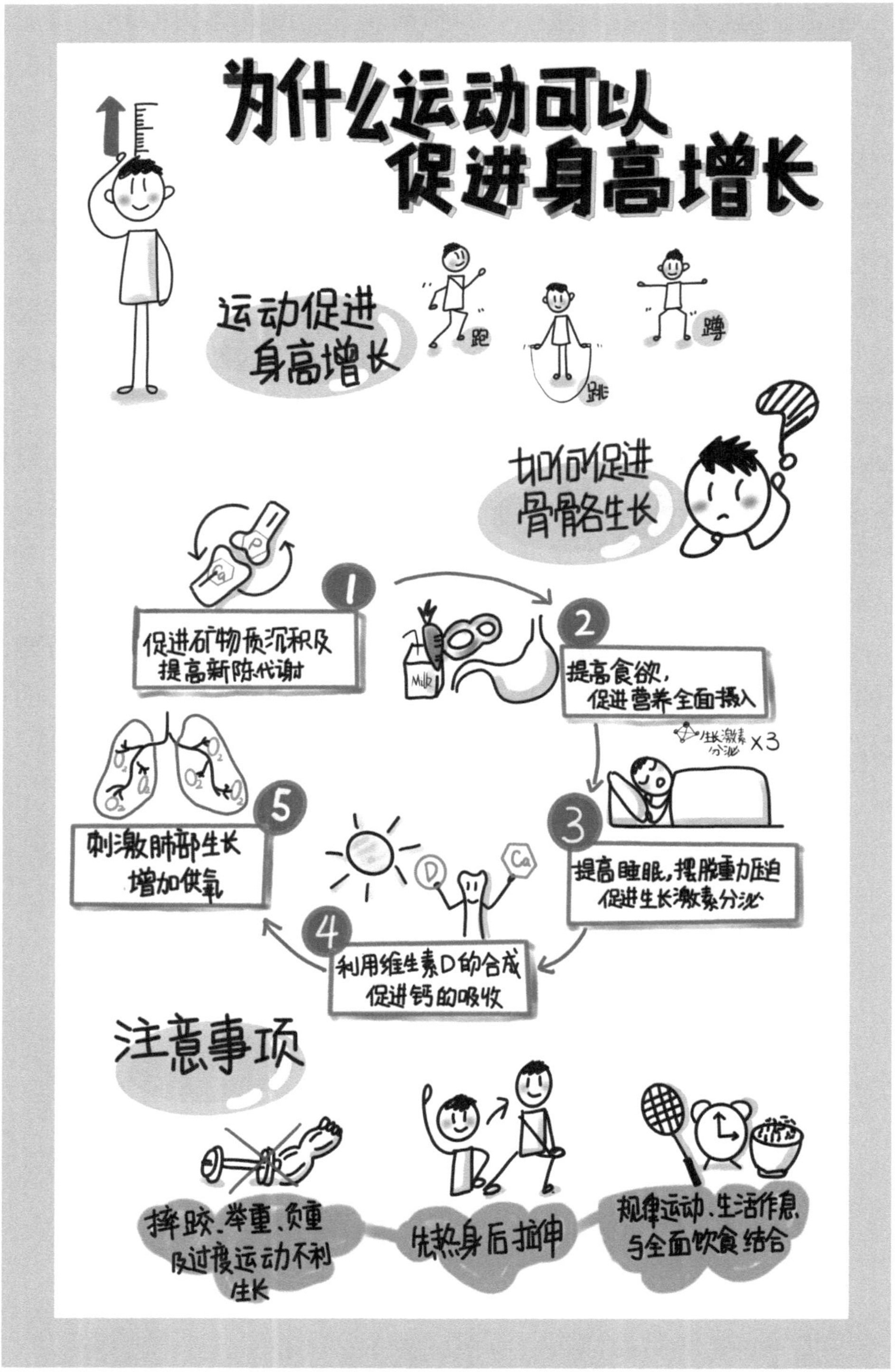

为什么运动可以促进身高增长
运动促进身高增长
跑
跳
蹲
如何促进骨骼生长
1
促进矿物质沉积及提高新陈代谢
Milk
2
提高食欲，促进营养全面摄入
生长激素分泌 ×3
3
提高睡眠，摆脱重力压迫
促进生长激素分泌
D
Ca
4
利用维生素D的合成
促进钙的吸收
5
刺激肺部生长
增加供氧
注意事项
摔跤、举重、负重及过度运动不利生长
先热身后拉伸
规律运动、生活作息与全面饮食结合

◆ 二十六、 老年人健身应遵循哪些原则

随着年龄的增加，老年人会出现感觉器官退化、大脑处理信息的能力降低、平衡能力和肌肉力量下降、关节的稳定性和活动性变差、骨骼脆性增加、免疫功能降低等现象。老年人可以通过运动达到健身祛病、防病抗衰、延年益寿的目的。虽然体育运动有益于身心健康，但是老年人进行运动不能只凭主观意愿和一时热情，急于求成，盲目蛮干。这样做只会事与愿违，不仅达不到预期效果，稍加不慎还可能发生运动性损伤，造成不良后果。所以，老年人进行健身运动必须讲究科学锻炼，应当遵循以下五个原则。

第一，选择适宜的运动项目。老年人进行健身运动时，适宜从事耐力性项目，而不宜进行速度性项目。通常，步行、慢跑、游泳、自行车、登山、广场舞等耐力健身运动项目受青睐，有条件时还可以选择羽毛球、门球等项目。在我国传统体育项目中，健身气功、太极拳、太极剑、柔力球等项目也是不错的选择。需要注意的一点，在进行耐力性健身运动的同时，还要适当进行一定程度的力量性锻炼，以减轻老年人肌力的减退。

第二，运动要循序渐进。健身运动初期的运动负荷和运动量要小，锻炼过程中对运动负荷和运动量适应后，再逐步增加到适宜的运动负荷和运动量。经过一段时间锻炼后，表现为运动时感到发热、微微出汗，运动后感到轻松舒畅，食欲睡眠良好，这说明运动负荷和运动量合适。锻炼的动作应遵循“由易到难，由简到繁，由慢到快”的原则，锻炼的时间应逐渐增加。老年人运动时，可用运动后即刻脉搏变化和恢复时间来控制运动量，适宜的运动量可用“170-年龄”这个公

式来掌握，例如 60 岁的人运动后即刻脉搏达到 110 次/分钟，5~10 分钟脉搏恢复到安静时水平较为适宜。

第三，要经常运动。健身运动一定要持之以恒。每周锻炼应不少于 2~3 次，每次锻炼不低于 30 分钟。同时要合理安排锻炼时间，养成按时锻炼的良好习惯。只有这样的锻炼才能使身体结构和机能发生良好的变化，增强身心健康。

第四，个别对待。老年人在锻炼前应做一次全面的身体检查，通过检查可了解自己的健康状况和各脏器的功能水平之后再根据年龄、性别、体力特点、健康状况、运动基础及运动习惯来选择最适宜运动项目，并制订合理的锻炼计划，锻炼计划也是因人而异的。

第五，自我监督。老年人参加体育锻炼要加强医务监督。要学会观察、记录自己的脉搏、血压及健康状况，以便进行自我监督，提高锻炼效果，防止过度疲劳，避免发生运动损伤。运动时注意适当安排短暂休息，运动前后要认真做好准备活动和整理活动。老年人锻炼的气氛是轻松、愉快和活跃的，应尽量避免做憋气的动作和参加精神过于紧张的比赛活动。如在运动中出现脉搏过快或过慢，或变得不规则时应停止锻炼，去医院检查。如有感冒或其他疾病、身体过度疲劳时，应暂停锻炼，并及时进行治疗或休息。

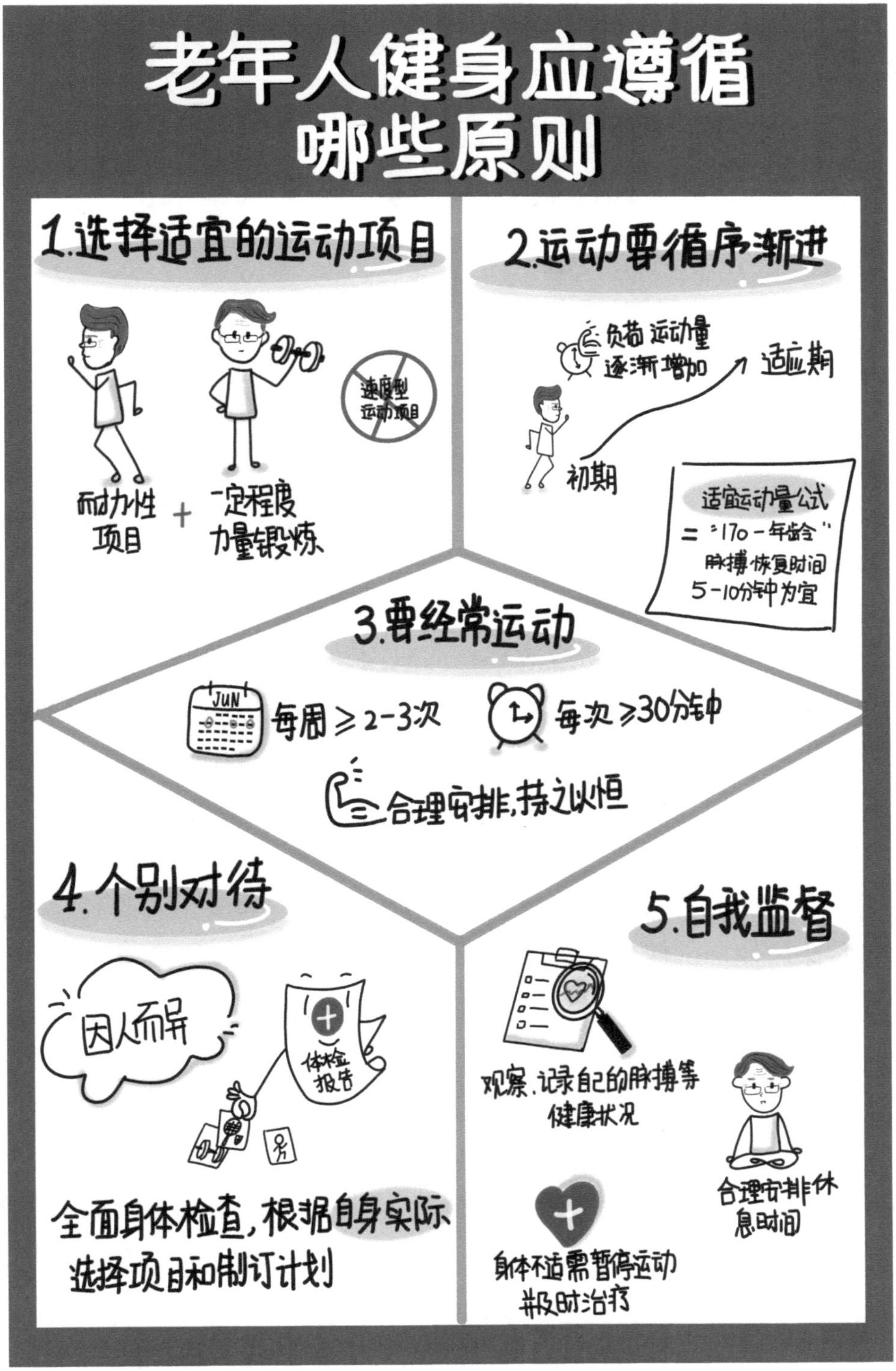
老年人健身应遵循哪些原则
1.选择适宜的运动项目
速度型运动项目
耐力性项目
+
一定程度力量锻炼
2.运动要循序渐进
负荷运动量逐渐增加
适应期
初期
适宜运动量公式
="170-年龄"
脉搏恢复时间
5-10分钟为宜
3.要经常运动
JUN
每周≥2-3次
每次≥30分钟
合理安排，持之以恒
4.个别对待
因人而异
体检报告
全面身体检查，根据自身实际
选择项目和制订计划
5.自我监督
观察、记录自己的脉搏等
健康状况
合理安排休息时间
身体不适需暂停运动
并及时治疗

◆ 二十七、 如何避免将肌肉“练死”

很多人在运动的时候会刻意避免力量练习，认为进行力量练习会使自己的肌肉僵硬且没有弹性，特别是很多女性担心进行力量练习会将自己的小腿或胳膊的肌肉练成跟健美先生那样缩一团。

在健身爱好者人群中如何避免将肌肉“练死”是讨论最多的话题之一。其实，我们日常说的将肌肉“练死”是一种错误的说法，肌肉都是一样的，没有所谓“死肌肉”和“活肌肉”一说。我们日常所说的“死肌肉”是指我们肌肉在收缩的情况下，没有参与正常工作的肌肉纤维，也就是没有做功或效率差的肌肉，这些肌肉是长期单一刺激而增大形成的外形僵硬、臃肿的肌肉，由于其训练的过程中缺少整体的协调，导致肢体有力量但却无法高效募集更多的肌纤维参与发力，也就是说这些肌肉空有外表但很难被刺激收缩产生力量。

为有效避免所谓“死肌肉”的出现，我们首先要了解肌肉的增长原理。我们体内的肌肉纤维数量是天生的，肌肉的变化需要我们先通过锻炼来将肌肉的肌原纤维和毛细血管等进行破坏，在营养充足的情况下，通过肌原纤维重塑实现数量和肌浆的增长，最终达到增粗。在肌肉愈合的过程中，肌肉内的肌纤维数量虽然没有变化，但是肌肉内的线粒体数量、肌原纤维数量和纤维密度及肌浆均会增长。

运动可以促进肌原纤维数量和肌浆不同程度地增长，不同的运动方式肌原纤维数量和肌浆的增长比例也是不同的，这就是我们经常听到的两个人肌肉量基本相同但是肌肉的外形却明显不同的原因。那么我们如何提高肌肉力量而不让肌肉徒有外表呢？

首先，我们要告别单一的大负重练习，应采用多样化的练习方式和练习手段，让肌肉得到全方位的刺激。

其次，要控制好力量练习的重量，不同重量对肌肉刺激和产生的效果是不同的，对于我们来说，避开肌肉增肥的重量就不会因力量练习而刺激肌肉的过度增长了。不同 RM 重量的练习刺激肌肉的效果也是不同的，我们若想避开肌肉过度增长就应该避免进行 6~12RM 的负荷练习，多采用 1~5RM 和 15RM 及以下的重量来锻炼我们的肌肉力量、爆发力和耐力。

很多人会问“RM”是啥？RM 是我们所说的最大重复次数重量，1RM 就是我们完成一次动作但无法完成第二次的最大重量，很多人说 1RM 测量起来有一定的危险性，同时测量的准确性也比较低，有没有别的方法来推测呢？其实我们可以通过 8RM 重量的测定来反推 1RM 值，8RM 重量约为 80%1RM 重量。

最后，要注重力量练习后的拉伸，特别是练习部位的肌肉拉伸。经过力量练习，我们的肌肉或多或少处于收缩状态，通过拉伸运动可以有效地放松肌肉，促进血液回流，对练习后延迟性肌肉酸痛的缓解和恢复有良好效果。

总的来说，肌肉没有所谓“死肌肉”和“活肌肉”一说，肌肉快速增长主要还是我们力量练习时没有控制好练习强度，采用了以增长肌肉围度的负荷（6~12RM）进行力量练习，肌肉僵硬主要是练习后没有进行充分、有效拉伸所造成的。

如何避免
将肌肉"练死"
肌肉的增长原理
空有外表
却无力量
"死肌肉"
锻炼
破坏
肌原纤维
毛细血管
充足营养
肌原纤维
线粒体、肌浆
纤维密度
肌肉增粗
如何提高肌肉力量？
多样化练习
全方位刺激肌肉
控制力量练习的重量
1-5 RM
≤15 RM
6-12 RM
RM=
最大重复次数
注重力量练习后的
肌肉拉伸
结论
注意拉伸
避免肌肉
僵硬
力量练习
控制好强度
避开6-12RM负荷
不存在
"死肌肉"
"活肌肉"

◆ 二十八、 体育锻炼与癌症的两三事

伴随着体育知识的普及和运动在慢病干预中作用的凸显，越来越多的人将体育锻炼纳入日常生活中来，而随着医学的发展，运动对预防和治疗癌症的研究也获得越来越多的关注，美国癌症协会每五年发布一次的“营养与运动预防癌症指南”解读中明确指出，运动习惯在癌症预防和康复治疗阶段具有不可替代的作用。

长期的研究表明癌症的致病因素可以分为两大类：可控因素和不可控因素。性别、年龄、基因、种族和家族遗传等均为不可控因素，而生活方式、生活环境等为可控因素。

癌症与肥胖、不良饮食习惯和体力活动不足等存在高度相关性。既然我们无法改变不可控因素，那么我们只有最大限度地降低可控因素，通过合理的膳食和定期的体育运动来维持适当的体重，这才是预防癌症发生的重要且最有效的手段。

研究表明，肥胖可能会间接促进癌细胞的生长，脂肪与胰岛素抵抗、慢性炎症反应以及脂肪细胞因子的异常表达有很高的相关性。主要表现在：肥胖人群体内较高的葡萄糖水平与游离脂肪酸、三酰甘油等可为癌细胞的繁殖、增长和转化及异常细胞内信号通路提供能量；肥胖人群血液中促炎因子、肿瘤坏死因子、白细胞介素以及炎性因子反应蛋白水平较普通人群要高；体内较高的脂肪和葡萄糖为癌症细胞提供了良好的促炎氧化应激环境，身体长期处于慢性低水平的炎症反应环境下，也为 DNA 破坏和发生癌变提供了可能。

运动可以有效消耗体内的葡萄糖和游离脂肪酸，保持我们体内环境正常化，随着运动对血液循环和呼吸系统的调动，我们体内血液循

环量和氧气输送量的增长会潜在提升抗癌药物或疗法对肿瘤的作用，使大脑可以获得充足的氧气和营养物质，在一定程度上减轻放射疗法的副作用；另外，运动能有效缓解癌症患者的负面情绪和紧张的神经系统，运动过程中可以将注意力都集中在运动上，使大脑得以放松。同时，运动过程中还会促进多巴胺、内啡肽等激素的释放和合成，这类激素可以让我们大脑感到愉悦和满足，运动后心情舒畅。

既然知道运动对癌症的预防和康复有重要作用，那么我们是不是可以“玩命”运动了呢？答案是否定的，虽然运动有这么多的好处，但是运动也要适量，特别是癌症康复阶段，更不能急于求成，过度运动。

癌症康复者应以中低强度有氧运动为主，不建议进行大强度、剧烈的运动。但是很多人不知道如何控制运动强度，我们建议采用运动后或运动中即刻心率来控制，即（220−年龄）×（50%~70%）的计算公式来掌握运动的最佳心率范围区间，运动后即刻计时 15 秒，记录自己的脉搏次数，15 秒脉搏次数乘以 4 换算出一分钟的脉搏次数，与最佳心率范围区间进行对照，若我们心率在最佳心率范围区间内，说明运动强度比较适宜。

癌症病人的运动应根据自身状况，采取循序渐进、少量多次的原则。另外，还需要特别注意在运动前和运动后进行充分的准备活动和放松运动，这样有利于对身体进行预热和恢复，减轻运动负荷刺激给身体带来的不适。

总的来说，运动对癌症的预防和康复有良好的效果，但是运动要适量，运动强度也要控制在合理的心率范围之内，且运动前、后准备活动和放松运动要充分，运动时间的长短要结合自身状况采用少量多次的原则，每天总的运动时间不宜超过 1 小时。

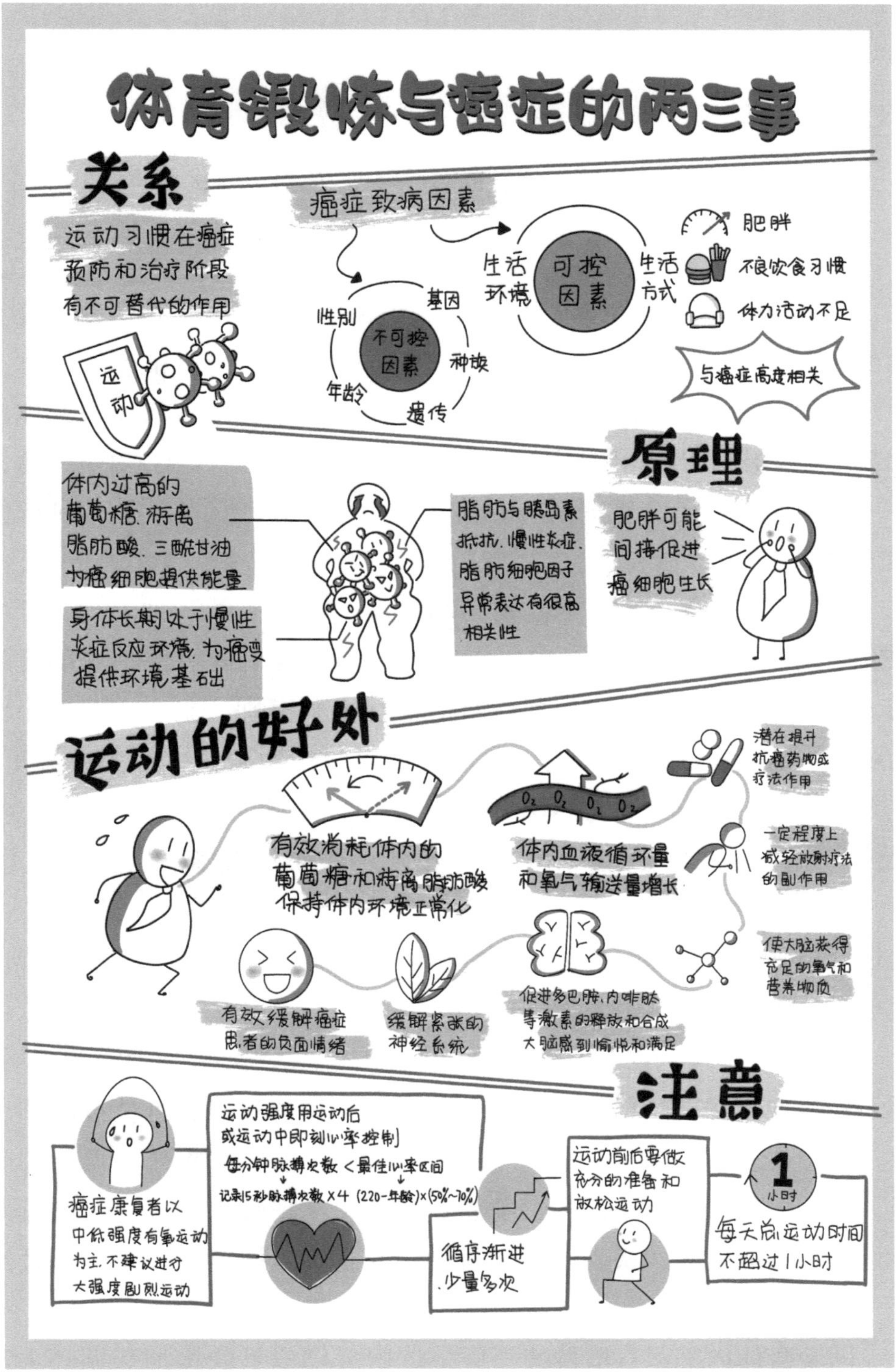

体育锻炼与癌症的两三事
关系
运动习惯在癌症预防和治疗阶段有不可替代的作用
运动
癌症致病因素
不可控因素
性别
基因
种族
遗传
年龄
可控因素
生活环境
生活方式
肥胖
不良饮食习惯
体力活动不足
与癌症高度相关
原理
体内过高的葡萄糖、游离脂肪酸、三酰甘油为癌细胞提供能量
身体长期处于慢性炎症反应环境，为癌变提供环境基础
脂肪与胰岛素抵抗、慢性炎症、脂肪细胞因子异常表达有很高相关性
肥胖可能间接促进癌细胞生长
运动的好处
有效消耗体内的葡萄糖和游离脂肪酸保持体内环境正常化
体内血液循环量和氧气输送量增长
潜在提升抗癌药物或疗法作用
一定程度上减轻放射疗法的副作用
使大脑获得充足的氧气和营养物质
促进多巴胺、内啡肽等激素的释放和合成大脑感到愉悦和满足
缓解紧张的神经系统
有效缓解癌症患者的负面情绪
注意
癌症康复者以中低强度有氧运动为主，不建议进行大强度剧烈运动
运动强度用运动后或运动中即刻心率控制
每分钟脉搏次数 < 最佳心率区间
记录15秒脉搏次数×4 (220-年龄)×(50%~70%)
循序渐进 少量多次
运动前后要做充分的准备和放松运动
1 小时
每天总运动时间不超过1小时

◆ 二十九、“极点” 知多少

在进行大强度、持续时间较长的剧烈运动时，由于我们内脏器官的惰性，会造成运动器官耗能和耗氧量与内脏器官的产能量和身体循序代谢量之间出现偏差，导致内脏器官不能满足运动器官所需的能量和氧气等需求而出现呼吸困难、胸闷、头晕、心跳加剧、动作不协调等一系列非常难受的生理反应，甚至萌生停止运动的想法，此种机能状态我们称为“极点”。

“极点”在运动生理学上是运动机能暂时紊乱的一种表现，产生“极点”的主要原因是我们内脏器官与肌肉器官机能惰性不协调造成的。由于体内不同系统、不同器官的惰性大小有别，肌肉的惰性小而内脏器官的惰性大，这就造成我们在运动的初期存在“小牛拉大车”现象，即内脏器官工作效率不高，不能满足肌肉所需的氧气、能量，且体内肌肉运动产生的乳酸、二氧化碳等代谢产物得不到及时运走，造成血液 pH 向酸性偏移，当达到一个临界值之后，神经、肌肉的兴奋性会被破坏同时还会反射性地引起呼吸系统、循环系统的功能紊乱，造成身体机能失调等一系列反应。

“极点”的反应时长和症状的强弱与是否经常运动有很大的关系。不经常参加体育锻炼的人，“极点”现象出现的较早，且持续时间会较长，身体反应也较为强烈。当我们运动中出现“极点”现象的时候，应该采取降低运动强度、调节呼吸频率、呼吸深度等手段继续坚持运动，不能因为“极点”的出现而停止运动，坚持运动可以有效缩短“极点”不适反应的持续时间，有助于“极点”现象的消除。

随着身体内脏器官惰性的消失，体内氧供应量的增加和循环水平的提升，我们体内乳酸代谢速度会加快，“极点”的不良反应也会逐渐消失，此时体内会建立新的代谢平衡，当逐渐恢复到呼吸均匀、动作协调、不良反应消失、运动能力再次提高的时，我们称为“第二次呼吸”现象。

了解“极点”产生的原因后，那么我们应该通过怎样的措施来积极应对“极点”的出现呢?

首先，我们要在运动前进行充分的准备活动，准备活动不仅可以提高肌肉的兴奋性，调节运动前的身体状态，还能告诉大脑，提前动员运动中枢，为开始的运动提供保障。其次，准备活动可以克服内脏器官的生理惰性，提高心血管系统、呼吸系统的兴奋性，促进肺通气及心输出量的增加，肌肉和心血管网的扩张一定程度上可以刺激活动部位氧气的存储。另外，准备活动还能降低肌肉黏滞性、提高体温和体内酶的活性，为克服内脏器官生理惰性和缩短内脏器官进入工作状态的时间提供了物质基础。

在“极点”出现的时候最好可以继续坚持运动，我们可以通过降低运动强度、控制呼吸深度等方式来缓解“极点”的不良反应，若出现腹痛等情况，切莫慌张，因为这个时候腹痛多数是肠胃痉挛造成的，我们应在降低运动强度和控制呼吸的基础上，用手按住疼痛的部位，运动一会儿疼痛一般就会随着“极点”反应一起消失。

总的来说，“极点”是长时间高强度运动过程中身体因内脏器官的惰性而出现的短暂性功能紊乱现象，充分的准备活动可以有效缩短身体出现“极点”的不良反应时间，缓解“极点”的不良症状。

"极点"知多少
what
什么是"极点"
生理反应：呼吸困难、胸闷、头晕、心跳加剧、动作不协调
产生条件
大强度、持续时间较长的剧烈运动
"极点"
甚至产生停止运动的想法
why
"极点"产生原因
"极点"的反映时长和症状强弱与是否运动，有很大关系
具体原因：
• 运动初期内脏器官效率不高，未满足体内所需氧气、能量
• 体内肌肉运动产生的代谢物质未及时运走
造成血液PH向酸性偏移，达到临界值后会破坏神经、肌肉的兴奋性，引起呼吸系统紊乱
时间较长
出现较早
不经常锻炼的人
反应较强烈
在"极点"出现时
最好坚持运动
缓解方式：
降低运动强度
控制呼吸深度
若出现腹痛等情况，缓解后用手按住疼痛部位
How
怎样减轻"极点"
活动前
充分准备

◆ 三十、“关节异响” 知多少

在我们日常生活中或者运动的过程中经常会出现某一关节“嘎巴”响一声的现象，比如我们坐久了，一转腰或者一歪头也有可能听到“嘎巴”的声响。对于这样的异响，有些人觉得无所谓，有些人觉得很舒服，有些人觉得关节是重要部位，“嘎巴嘎巴”的声响会不会是关节有什么问题？

其实，“嘎巴”一声是我们的关节异响，关节异响分为生理性关节异响和病理性关节异响两类，大多数关节异响是生理性的，发出响声后不会引起身体其他部位不适，也基本不会对身体产生危害，所以，大多数情况下关节出现“嘎巴”一声不用担心。

虽然知道了关节异响不会对我们的身体造成危害，但是我们对关节异响的产生还是颇为好奇。其实关节异响的成因有三种说法，分别是气体爆裂说、筋膜滑动说、滑液不足说。气体爆裂说认为关节腔为密闭的空间，运动会致使关节腔在外力作用下被拉大，关节液中的氧气、二氧化碳等气体快速释放，在关节腔中聚集形成气泡并破裂进而产生“嘎巴”的声响。这也就是为什么我们继续挤压不会再响的原因，因为关节液中的气体需要时间才能慢慢聚集和释放。筋膜滑动说是指我们在运动的过程中，肌肉发力牵拉筋膜，筋膜与骨头之间位置发生改变的过程中筋膜划过关节突起时会发出声音。滑液不足说是关节腔中的关节液不足，在关节活动的时候，两个关节面相互摩擦或是关节面与另一个关节软骨垫之间摩擦或是关节周围肌腱和关节囊之间的摩擦都会产生“嘎巴”的声响。

关节异响的分类和产生机理我们清楚了，那我们怎么判断自己是生理性异响还是病理性异响？首先，生理性异响只发生在我们关节受到突然牵拉或屈折的时候；其次，异响的声音是清脆的，单一的，一个关节短时间内不会重复响；最后，关节异响的时候我们不会有疼痛等各类不适感，相反在弹响之后会感到非常舒服。若满足以上三条，则您的关节异响是生理性的，若有任何一条不满足，则可以判断您的关节异响为病理性的。病理性的关节异响产生原因和相关机理比较复杂，建议在自我初步判断为病理性异响之后及时就医。

总的来说，关节“嘎巴”一声首先要判断是生理性异响还是病理性异响，大多数情况下这种属于关节生理性异响，对我们的身体没有什么影响，若您初步判断为病理性异响，则建议及时就医。

关节异响
知多少？
1 What
嘎巴
是关节异响~
病理性异响
生理性异响
•不会引起不适
•不会产生危害
大多数
2
Why关节异响的成因
气体爆裂说
关节腔为密闭空间
运动使关节腔被拉大
氧气、二氧化碳等气体
释放—形成气泡—破裂
筋膜滑动说
在运动过程中
肌肉发力
拉动筋膜
筋膜与骨头摩擦
发出声音
滑液不足说
关节腔中关节液不足
在关节活动时
两个关节面摩擦
3
如何判断
关节异响的种类
How
生理性
三条均满足
1.时间：
关节受到牵拉或屈折时
2.声音：
清脆 单一不重复
3.感受：
不会疼痛
不会不适
至少有一条
不满足
病理性

第二部分

跑步健身

2

◆ 一、 跑步过程中如何调整呼吸

在跑步过程中如何呼吸是跑步爱好者最为关心的问题之一。很多刚开始参加跑步的人在跑步时会有跑不了几步就已经气喘吁吁、上气不接下气，有时甚至感觉自己已经无法继续跑步了。那么我们如何通过科学的呼吸来避免跑步过程中出现呼吸急促、胸闷甚至是呼吸困难呢?

首先，我们要学会根据跑速来调节呼吸节奏。跑步时我们要有意识地将自己的呼吸节奏和步速结合起来，根据自身锻炼目的和体力水平采用两步一吸、两步一呼或三步一吸三步一呼的方法来运动。

其次，我们在掌握呼吸的节奏后，还需要注意跑步时是用鼻子来呼吸的。很多跑步爱好者说，跑步时候用鼻子呼吸的气不够，自己会不自觉地用嘴呼吸，其实跑步过程中嘴是用来吐气的。

最后，我们要重点掌控呼吸深度，特别是呼气时的速度。很多跑步爱好者在跑步过程中通过加快呼吸节奏来满足跑步呼吸需求。然而，呼吸深度和呼吸节奏之间是一对矛盾体，呼吸节奏加快了，呼吸深度自然就浅了。呼吸深度主要是增加气体在体内进行气体交换的时间，如果我们不注意呼吸深度，仅通过增加呼吸节奏来满足我们的跑步需求时，你就会发现呼吸越快越喘不动气，造成这种现象的主要原因是我们吸入的氧气没有充足的时间在体内完成气体交换就又被呼出去了，相当于你在做无用功。

总的来说，跑步过程中我们要有意识地控制呼吸节奏，特别是通过控制呼气的节奏来增加呼吸深度，因为我们呼气深度增加了之后下一次呼吸的吸气深度才会相应的增加，只有这样才能保证氧气在肺部可以充分交换。

跑步过程中如何调整呼吸
呼吸急促.
胸闷.
呼吸困难
1 根据跑速来调节呼吸节奏
呼吸节奏和步速结合
2步一吸
2步一呼
3步一吸
3步一呼
2 用鼻子呼吸
只能吐气
3 重点掌握呼吸深度，特别是呼吸速度
呼吸深度增加体内气体交换的时间
肺
心脏
器官
加快呼吸
若不注意深度，仅增加节奏，就会呼吸越快越喘不过气.
因为吸入的氧气没有充足时间在体内完成气体交换
4 总结
有意识控制呼吸节奏
通过控制呼气节奏增加呼吸深度
保证氧气在肺部充分交换

◆ 二、 跑前热身该怎么做

做任何运动前都必须进行热身。运动前的热身，就像你给身体释放的一个信号，告诉自己身体各部分的肌肉：要去运动了。不同运动项目启动的肌肉不同，自然热身运动也不同。那么跑步前应该怎么热身呢？

首先，原地跑。这样做可使体温升高，降低软组织黏滞性；唤醒肌肉，对即将到来的运动做好全面准备。共有 2 个动作，每个动作 30 秒，各完成 1 组。

动作一：原地前后垫步。

动作二：原地高抬腿。

其次，肌肉动态牵拉。这样做可以在短时内有效地拉伸多块肌肉，既能增加关节的活动度也能激活肌肉。共有 6 个动作，每个动作 12 次，各完成 1 组。

动作一：大腿前侧动态牵拉。

动作二：大腿后侧动态牵拉。

动作三：臀肌动态牵拉。

动作四：大腿内侧动态牵拉。

动作五：弓步转体。

动作六：小腿牵拉。

最后，肌肉激活。对运动中所用到的重要肌肉，如大腿前侧、大腿后侧、臀肌、小腿肌肉等，可以通过一些快速动作或力量练习，更好地达到激活效果。共计 4 个动作，每个动作持续 10~15 秒，各完成 1 组。

动作一：开合蹲跳短腿。

动作二：弓步脚腿跳。

动作三：单腿硬拉。

动作四：单脚多方向下蹲。

上述热身动作看似复杂，其实每个动作只需完成 1 组即可，总时间一般在 5~8 分钟。希望每位跑者能够重视跑前热身，并做对热身运动。

◆ 三、 跑后拉伸该怎么做

每次跑步后都需要做拉伸，因为此时的肌肉高度兴奋，呈现僵硬紧张的状态，因此，腿摸上去是硬邦邦的，拉伸可以让肌肉从紧张收缩状态更快过渡到放松舒张状态，从而有利于疲劳消除和保持肌肉弹性。如果缺失这个环节，肌肉会依靠自然过渡过程，使代谢废物堆积时间延长，疲劳消除变慢，肌肉弹性也下降，长此以往，很容易引发机体损伤。

很多跑者在跑步结束后都喜欢在室外随意做一下拉伸，这样的随意牵拉其实并不能达到放松肌肉的目的！拉伸不到位，放松效果会大打折扣。那么跑步后应该怎么拉伸呢？

根据环境不同，拉伸方法也不同，但拉伸部位却是相同的。通常，一个部位一次拉伸 30 秒，间歇 10 秒，重复 3 次。下面介绍跑后 6 个部位肌肉拉伸的动作，站位及利用健身器材。

大腿后侧拉伸：选择合适高度的单杠或横杆，面向横杆，将牵拉腿的脚跟放在横杆上，支撑腿脚尖和身体方向一致且呈伸直状态，双手放在牵拉腿膝盖上方以保持身体稳定，缓慢压向前下方，当有牵拉感时保持 30 秒，然后换另一条腿。

大腿内侧拉伸：选择合适高度的单杠或横杆，身体侧对横杆，将牵拉腿的脚跟放在横杆上（脚尖和身体方向一致），保持胸背挺直，将身体向牵拉腿侧缓慢压下（切勿将臀部扭向一侧），当有牵拉感时保持 30 秒，然后换另一条腿。

大腿前侧拉伸：身体背向横杆，将牵拉腿的脚背放在横杆上，双手抓住横杆并保持身体正直稳定，之后将身体缓慢向后靠近横杆，当大腿前侧有牵拉感时保持 30 秒，然后换另一条腿。

臀肌拉伸：选择适合高度的横杆（这一点很重要），身体面向横杆，将牵拉腿的小腿平行贴合在横杆上方，并用牵拉腿的同侧手按压在脚踝处，支撑腿的脚尖和身体方向一致，且支撑腿的同侧手反握抓住横杆（横杆高度不够，可稍下蹲），当有牵拉感时保持 30 秒，然后换另一条腿。

髋前部拉伸：身体侧对横杆，一条腿向前跨一大步做弓步，保持迈步腿的小腿垂直于地面，支撑腿（被牵拉侧）脚尖和身体方向一致，姿势稳定后将身体重心缓慢下压，当有牵拉感时保持 30 秒，然后换另一条腿。

大腿外侧髂胫束拉伸：身体侧对器材，牵拉腿做后交叉步，且牵拉腿同侧手抓住杆/墙，支撑腿侧手向对侧缓慢腿压髋部，当大腿外侧有牵拉感时保持 30 秒，然后换另一条腿。

小腿拉伸：面向横杆，向前跨出适当距离做弓箭步，脚尖与身体方向一致，双手抓住横杆，保持身体稳定，后腿伸直，脚跟踩住地面，然后将身体压向前下方。当有牵拉感时保持 30 秒，然后换另一条腿。

跑后拉伸对于跑步的重要性毋庸置疑。把拉伸做到全面、充分、到位、细致，才是跑者应有的态度。

跑后拉伸该怎么做
why
为什么跑步后
要拉伸
有利于疲劳
消除和保持
肌肉弹性
跑后拉伸
不拉伸
长此以往，容易由于
肌肉疲劳和弹性
不足而引发损伤
How
根据所处环境
拉伸方法不同
但拉伸动作相同
一个部位一次拉伸30秒
间歇10秒
重复3次
当有牵拉感时
保持30秒
然后换另一条腿
大腿后侧
拉伸
大腿内侧
拉伸
大腿前侧
拉伸
臀肌拉伸
反手
髋前部
拉伸
大腿外侧
髂胫束拉伸
支撑腿侧手
向对侧缓慢
压下
小腿
拉伸
身体压向
前下方

◆ 四、 如何科学地晨跑

一天之计在于晨，清晨空气清新，每天坚持晨跑一小会儿，可以促进全身各器官功能达到较高水平，加快新陈代谢、调节内分泌、减少焦虑、改善睡眠，并能增强人体免疫力，还有助于提高工作效率。那么，我们该如何进行科学晨跑呢？

第一，时间。晨跑的最佳时间应该根据地域和季节来决定，科学的晨跑时间应该在当地日出时间后半个小时左右进行比较合适，这个时间段植物吸收了夜晚产生的二氧化碳并开始生产新鲜的氧气，阳光会蒸发滞留在空气中的湿气及大量夜间产生的有害物质，而白天的有害物质此时还没有大量产生，所以这个时间段内的空气较为清新。

第二，时长。晨跑不宜过长，总时长控制在 1 小时以内最佳，这包括跑前的准备活动、跑后的拉伸和跑步时间，跑步时间尽量控制在 30 分钟左右。如果跑步时间过长，运动后的疲劳会影响上午的工作及生活。以减肥为目的的晨跑，跑步时间可适当延长至 30 分钟以上，因为晨跑强度小，能耗消耗就少，达不到减肥的效果。

第三，不宜空腹进行。若时间充裕，尽量满足早餐后半小时再进行晨跑。千万不要早餐后立刻进行，因为早餐后全身血液会向胃部聚集，为消化食物做准备，若立刻晨跑会造成胃部和四肢血液分配紊乱，不利于食物的消化和吸收。若时间不允许，晨跑也不要空腹，空腹晨跑极易引起低血糖等，我们可以在晨跑前喝一些温水或淡糖盐水，并吃少量的香蕉、粥等半流质食物来增加能量，但一定注意不要吃出饱腹感。

第四，场所。推荐在公园、广场等绿植多或比较空旷的场地进行晨跑，这些地方环境安静，空气清新，有助于最大化发挥晨跑功效。

最不建议在马路边晨跑，一是马路边来往车辆多，晨跑者的安全得不到保障，二是路边汽车尾气及过往汽车带起的灰尘会滞留在空气中，污染物和有害物质含量较高，对我们的呼吸极为不利。

总的来说，晨跑要根据地域、季节、生活和工作时间来决定，一般在早餐半小时后进行，建议每周在公园或广场晨跑 3 次及以上，每次运动的总时间控制在 1 小时以内，另外，晨跑前的准备活动和晨跑后的拉伸也是非常重要的。

◆ 五、 跑步到底伤不伤膝盖

跑步是我们日常锻炼中最受欢迎的手段，没有之一。跑步不但可以锻炼我们的心肺能力，而且可以强健肌肉耐力，最重要的是可以调节心情，释放压力。但是日常中我们经常会遇到跑友说自己膝盖受伤了，怎么受伤的却不知道，只知道自己是跑着跑着就跑不动了，坚持一段时间后反而更严重了，甚至连走路都成了问题。

根据学者的研究来看，跑步与膝盖损伤之间没有必然的联系，正确的跑步不但不会给膝盖造成损伤反而有益于膝关节的健康。那么广大跑友中为什么还会有不少人出现膝盖损伤的呢？其实这里面的重点是如何正确地跑步。

首先，跑步的姿势要正确。很多人觉得跑步姿势不就是迈开腿，跑起来就可以了吗？其实不然。正确跑步姿势是跑步时身体稍微前倾，保持自然直立，目视前方，双臂在肘部呈90°自然弯曲，手臂放松，自然前后摆动，下肢自然跨步，膝关节微微弯曲，用脚后跟着地，着地后随着重心的前移迅速过渡到全脚掌着地，完成落地姿势的同时，另外一条腿自然摆动前行，为下次落地姿势做准备。需要注意的是内八字、全脚掌落地、脚尖先着地、落地时膝关节伸直、手臂左右摆都是错误的跑步姿势，在跑步过程中均应予以纠正。

其次，运动前的准备活动和运动后的放松不能忽略。古人云“兵马未动粮草先行”，准备活动就是在我们跑步之前通过各种拉伸动作来告诉肌肉和运动器官“要运动了”，屈伸、绕环等准备动作会促使膝盖等运动器官的神经系统分泌相关激素来刺激肌肉进入工作状态，同时膝关节也会分泌一定量的润滑液来润滑膝关节，以降低运动给膝关节带来的磨损。

再次，控制好运动时间和运动量。我们不能看别人跑多少我们就跑多少，别人跑多久我们就跑多久。每个人的身体情况不一样，运动量和运动时间也是有差异的。我们需要通过科学的运动评估来确定自己的运动量和运动时间，进而确定运动强度。最简单控制运动负荷的方法是我们用跑步过程中的心率来推算，公式为：跑步心率区间为最大心率（220−年龄）的70%~80%。

最后，进行膝关节的专项力量练习。膝盖周围的肌肉群是保持膝关节稳定性和灵活性的重要支撑。现实中出现各类撕裂很大情况是发生在用力方向肌肉受力程度超过自身承受能力，所以膝盖周围的肌肉群是膝关节的“保护神”，只有强大的保护才能让我们的膝盖免受损伤。

总的来说，正确的跑步不但不会损伤反而会强健膝关节，膝关节受伤主要是跑步姿势不当、膝关节肌肉力量薄弱、跑步强度长期超自身负荷等因素造成的，要想保持膝关节健康，我们除了保持正确的跑步姿势外，还要加强膝关节周围的力量练习，同时科学规划自身的跑步负荷。

跑步到底伤不伤膝盖
跑步好处
锻炼心肺功能
强健肌肉耐力
调整心情释放压力
正确的跑步不会对膝盖造成损伤，更有益膝关节健康
学者研究
正确跑步做法
目视前方
微向前倾自然直立
90°
放松前后摆动
自然摆动
微微弯曲
脚后跟着地过渡全脚掌
姿势正确
运动前后准备活动和放松
通过膝盖运动降低磨损
按跑步心率推算：最大心率(220-年龄)×(70%~80%)
控制好运动时间和运动量
进行膝关节专项力量练习
加强肌肉群保护膝关节
总结
保持膝关节健康
正确跑步姿势
膝关节周围力量练习
科学规划跑步负荷

◆ 六、 跑步会减轻失眠吗

跑步有助于睡眠，相信每个人都知道，但是绝大部分人可能并不清楚它改善睡眠的作用机理。研究者关于此课题给出了科学的解释，相信你看过以后，会获得更大的动力，坚定继续跑下去的决心，同时也会采取更科学和更正确的方法进行奔跑。

首先，跑步能释放压力。压力状态下，身体需要皮质醇来维持正常生理功能，皮质醇是身体为应对压力所释放的激素，皮质醇水平越高，说明压力越大，睡眠更容易被干扰。一方面，跑步结束后，身体内的皮质醇含量会超过常规水平，此时身体就会得到信号，减缓皮质醇释放，较低的皮质醇水平会给人一种放松的感觉，有助于睡眠；另一方面，跑步能促进身体释放其他一些激素（如多巴胺、5-羟色胺、内啡肽和去甲肾上腺素），这些激素有助于减轻焦虑和抑郁，给人一种快乐和放松的感觉。

其次，跑步能帮助睡眠激素释放。褪黑激素是调节人体睡眠的重要激素，它的分泌依赖于许多其他参数（如时间，光照条件，年龄，甚至皮质醇水平），一般发生在黑暗和皮质醇水平低时。一方面，跑步能促进人体释放更多的色氨酸，它有助于合成更多的5-羟色胺，最终转化为褪黑激素；另一方面，跑步时间安排在下午或傍晚，会有较好的助眠效果，这是因为跑步后体内皮质醇水平较高，不利于褪黑激素的分泌，此外，皮质醇水平下降也需要一段时间。

再次，跑步能帮助甲状腺和垂体释放激素。研究表明，低水平的甲状腺激素和促生长激素释放激素可引发慢性失眠。甲状腺功能减退可导致阻塞性睡眠，呼吸暂停，由于呼吸原因，还会导致多次睡眠中断。跑步有助于增加体内循环甲状腺激素水平，也有助于引起慢波睡眠或深度睡眠生长激素的释放。

最后，跑步能帮助维持合适的体温。人的体温遵循 24 小时昼夜节律，一般在睡眠状态时，体温会有所下降。如果入睡困难，多醒或早醒，可能是由于体温调节紊乱，背离了昼夜节律。跑步时，人的体温会有所升高，停止运动后，温度开始迅速下降，运动后的体温下降有助于产生恢复性的慢波睡眠。

大量研究发现，持续规律性的有氧运动可以减轻失眠的症状，但绝对不会快速起效，通常需要几个月的时间才能充分体验到它的益处。希望大家都能坚持运动，享受高品质睡眠。

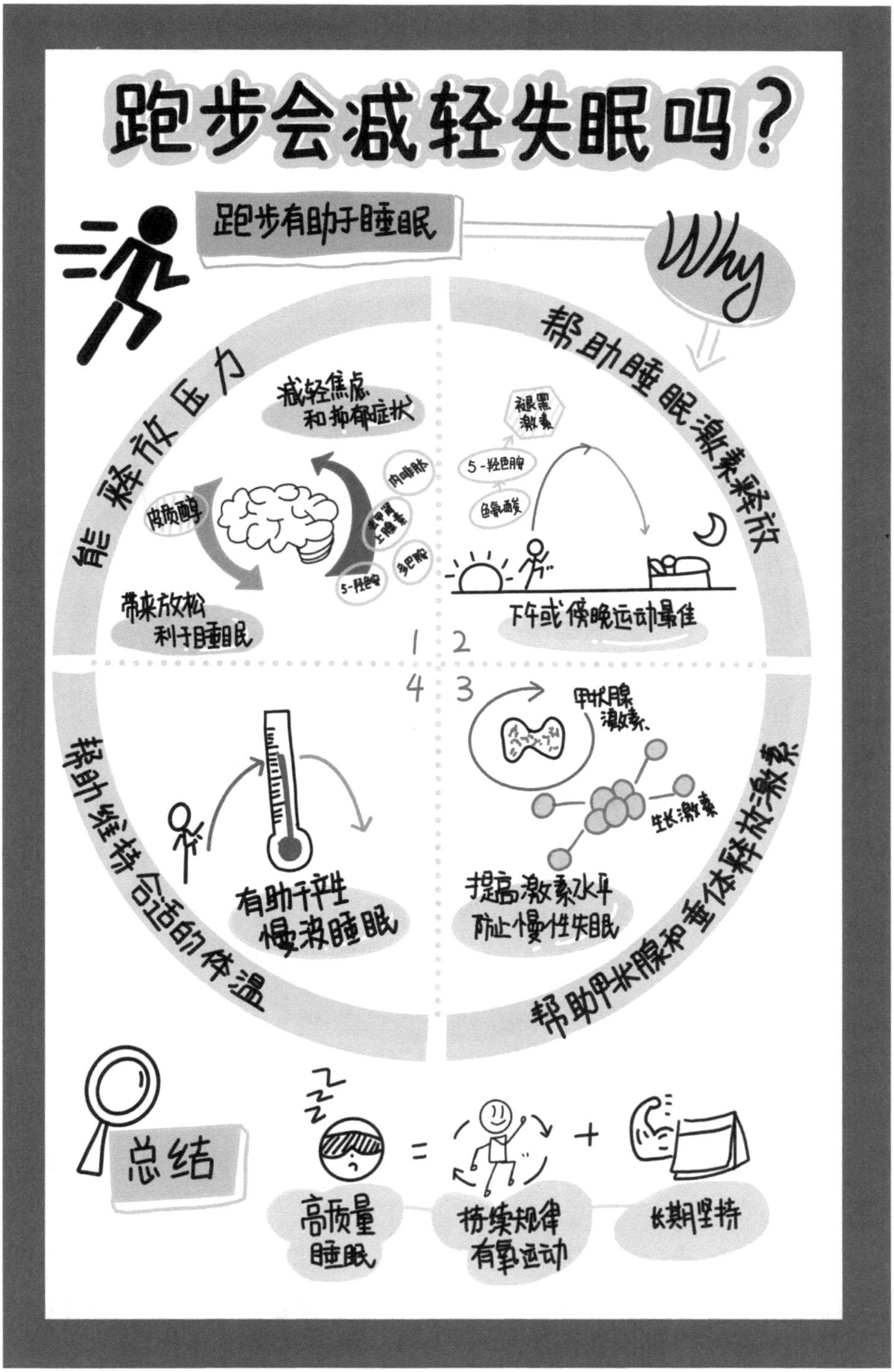
跑步会减轻失眠吗？
跑步有助于睡眠
Why
能释放压力
减轻焦虑
和抑郁症状
皮质醇
内啡肽
去甲肾上腺素
多巴胺
5-羟色胺
带来放松
利于睡眠
帮助睡眠激素释放
褪黑激素
5-羟色胺
色氨酸
下午或傍晚运动最佳
1
2
4
3
帮助维持合适的体温
有助于产生
慢波睡眠
帮助甲状腺和垂体释放激素
甲状腺
激素
生长激素
提高激素水平
防止慢性失眠
总结
高质量
睡眠
=
持续规律
有氧运动
+
长期坚持

◆ 七、 跑步会越跑腿越粗么

“瘦成一道闪电！”是众多女生梦寐以求的目标。为了达到或接近这个目标，很多人参与到运动中来。由于跑步具有对场地及运动装备要求比较低，运动时间可以自己灵活掌握等优点，众多健身爱好者会将其选做强身健体的运动项目。但是部分运动爱好者却有了新的烦恼：自己很努力地在跑步，为什么别人都瘦了而自己却越跑腿越粗呢？

要回答这个问题，首先需要我们对腿有一个深入的了解。腿是由肌肉、脂肪和骨骼三大部分构成，骨骼经过青春期之后基本已经定型，中途因锻炼而猛然增粗的可能性较小，也就是说腿部的增粗主要还是肌肉和脂肪的增长造成的。所以，我们可以暂且将腿的增粗划分为肌肉增长造成的肌肉型增粗和脂肪增长造成的脂肪型增粗两类。

运动训练学中有“有氧减脂、无氧增肌”的说法，肌肉型增粗的外在表现是腿部肌肉的增粗，内因主要还是跑步爱好者的运动强度没有把握好，跑得太快了。跑步过程中无氧运动占比较大，无氧运动可以有效提高我们腿部的肌肉力量，同时腿部的肌肉体积也会增加。要想控制腿部肌肉进一步增粗的方法也很简单，就是适当降低跑步的速度，记住“慢跑细腿，快跑粗腿”的方法，在保持总运动强度不变的条件下通过控制运动速度来增加运动时间。如果我们运动过程中的能量消耗控制在以有氧运动为主的范围区间内，腿部的肌肉就不会进一步增粗。

在控制好跑速后腿部肌肉还是增粗，有可能是以下两种原因：一种原因是跑步姿势是否正确，正确的跑步姿势是膝盖处于中立位，没有内扣和外展、全脚掌落地而不是单单脚尖落地，若以脚尖落地方式去跑步，则会对你小腿肌肉刺激较大，久而久之，小腿肌肉自然会变得更粗更结实。

另一种原因是跑步后是否进行拉伸。我们长时间运动，腿部肌肉的收缩能力和收缩范围都会增强，若跑步后不进行充分拉伸，肌肉就得不到充分伸展，肌肉及周围的血液循环也会相应变慢，久而久之肌肉会缩成一团，非但不利于跑步后的恢复，还容易把肌肉练“死”，横向发展，没有弹性。

肌肉型腿部增粗仅仅出现在少数人身上，大部分健身爱好者还是脂肪型腿部增粗，“管住嘴，迈开腿”是运动的真谛，要想有一个好的体型，“七分靠吃，三分靠练”。很多人有“我已经运动了，就可以放开腮帮子吃了”的想法，殊不知，运动会给我们的身体带来饥饿感，要是再有奖励自己一下的冲动，就会比平时吃的还多，这会造成运动消耗的能量不及你吃进去的三分之一，甚至是四分之一，最终导致体内的能量慢慢转变为脂肪，堆积在身体的不同部位，全身脂肪总量上去了，腿部作为脂肪堆积的重点部位，自然就会变粗。

总的来说，科学合理地控制跑步姿势和跑速是避免肌肉型腿部增粗和运动损伤的重要方式，而要想有好的体型我们还是需要遵循“管住嘴，迈开腿”的真谛，通过良好的饮食习惯和科学、长期的运动来实现。毕竟罗马不是一天建成的，好体型也不是一天可以塑造出来的。

若你是一个刚开始跑步的小白，建议从快走开始，不要上来就跑，坚持每周 3 次，每次时间在 30 分钟左右。随着对运动强度的适应，你可以利用快走和慢跑相结合的方式逐渐增加运动节奏和运动强度，每周还是运动 3 次，每次还是保持 30 分钟左右。半月之后，你可以逐渐将运动方式转变为慢跑，每周坚持 3 次，每次 30 分钟，慢跑一周或两周后可以增加慢跑时长，但是仍然保持每周 3 次，如果感到疲劳，可适当缩短为每周 2 次。需要特别说明的是，不管你是慢跑小白还是慢跑爱好者，在运动前都要热身做准备活动，运动后做放松运动，这样不仅有利于身体恢复，还能保持肌肉的弹性。

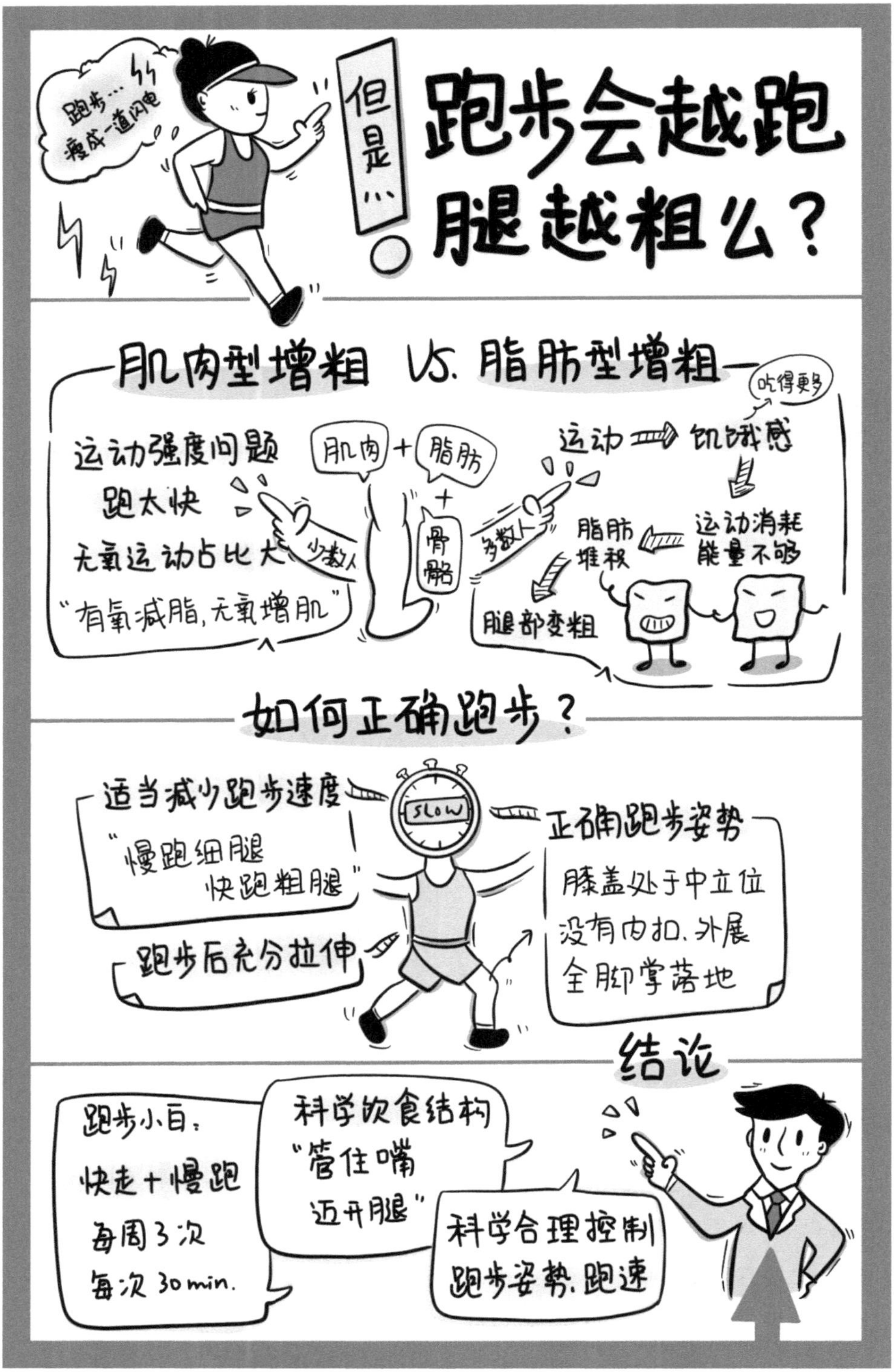
跑步…… 瘦成一道闪电
但是!
跑步会越跑腿越粗么?
肌肉型增粗 VS. 脂肪型增粗
运动强度问题
跑太快
无氧运动占比大
"有氧减脂,无氧增肌"
少数人
肌肉 + 脂肪 + 骨骼
多数人
运动 → 饥饿感
吃得更多
运动消耗能量不够
脂肪堆积
腿部变粗
如何正确跑步?
适当减少跑步速度
"慢跑细腿
快跑粗腿"
SLOW
跑步后充分拉伸
正确跑步姿势
膝盖处于中立位
没有内扣、外展
全脚掌落地
结论
跑步小白:
快走+慢跑
每周3次
每次30min.
科学饮食结构
"管住嘴
迈开腿"
科学合理控制
跑步姿势、跑速

◆ 八、 跑步后足底疼怎么办

跑步具有装备简单、场地要求低等优点被广大健身爱好者所喜爱，但是很多人在跑步后第二天会出现脚底疼，甚至行动受限，这种情况给健身爱好者的健身之路造成了不小的困扰。那么，到底是什么原因造成我们脚底疼痛的呢？

我们要学会通过回顾跑步的过程和对疼痛的感受来判断自己是不是骨折了。若排除了骨折的可能性，大多数的脚底疼则是跑步过程中脚落地姿势不正确或跑步量过大引起的足底筋膜炎所造成的。

足底筋膜炎又被称作拓腱膜炎，是一种无菌性炎症，发生的诱因是我们长时间跑步导致局部肌肉和筋膜的劳损。足底筋膜炎的外在明显症状是走路或运动时脚底会产生疼痛，运动后还会持续疼痛，甚至出现发热等症状，疼痛多以脚跟处最为明显。

足底筋膜炎的发生多因运动过量或跑步姿势有误而引起。很多人会认为跑步不就是迈开腿跑起来就可以了，但他们忽略了跑步姿势的运用和跑步量的把控，这样极易因脚底肌肉不足以支撑我们运动所需的长时间疲劳工作而造成劳损。这种情形多发生在刚参加跑步不久的新人，但也会发生在突然增加运动量或运动强度长期运动的人群。

足底筋膜炎的产生原因找到后，我们应该如何治疗呢？

首先，患足底筋膜炎之后，一定要停止跑步，让劳损的肌肉获得充分的休息。若你还秉承“轻伤不下火线”的精神带病坚持跑步，将会进一步刺激患处，加重症状，不利于康复。

其次，在出现症状之后的 24 小时内，可以采用热水烫脚的方式进行物理治疗，烫脚可以起到扩张足部血管、改善血液循环、促进新陈代谢的作用，还可以有效缓解足部肌肉疲劳，达到促进炎症吸收的目的。此外，有条件的跑步爱好者还可以采取更为专业的物理疗法，如短波治疗、红外治疗等。

需要注意的是，跑步爱好者最好在跑步时有一双专业的跑步鞋，专业的跑步鞋较一般运动鞋具有轻便、减震、透气、防滑及对足部高包裹性等特点。跑步鞋的鞋垫均经过运动生物力学设计，跑步过程中可以极大程度地缓冲路面对足底的震动，同时还可以通过增加鞋子与脚的结合，提高脚落地时的稳定性。

总的来说，跑步后的足底痛多数是足部肌肉劳损而引起的足底筋膜炎，出现足底筋膜炎症状后应暂停跑步一段时间来让足底肌肉恢复，若坚持锻炼，很有可能会发展为长期足底筋膜炎。为避免足底筋膜炎的产生，我们应在选择专业跑步鞋的同时，保持跑步过程中正确的跑步姿势并合理规划和安排每次的运动量。

跑步后足底疼，怎么办？
判断足底疼的原因
回顾跑步过程
判断是否
骨折
排除骨折后，
落脚姿势不对
跑步量过大
导致
局部肌肉
筋膜劳损
引起
疼~
足底筋膜炎
(跖腱膜炎)
多见于跑步新人
突增运动量人群
无菌性炎症
持续疼痛、发热
如何治疗足底筋膜炎
停止跑步
充分休息
出现症状24h后，物理治疗
热水烫脚
扩张足部血管
改善血液循环
促进新陈代谢
缓解足部疲劳
促进炎症吸收
热水
短波治疗
红外治疗
结论
选择专业跑鞋
正确跑步姿势
合理运动量
跑步后足底疼
多是足底筋膜炎
暂停跑步可恢复

3

第三部分

减肥误区

◆ 一、 局部减肥可行么

炎炎夏日，爱美人士有没有被街边的各类健身房宣传口号所打动？“消灭大肚腩”“展现小蛮腰”“完美瘦胳膊和大腿”等一系列女性追求的“局部减肥”宣传无处不在，然而局部减肥真的靠谱吗？

要弄清这个问题我们首先要了解脂肪在体内的分布。脂肪作为身体存储能量的重要物质，在体内并不是均匀分布的，而是有一定的偏好，有些人的脂肪堆积在腰腹部、有些人的脂肪堆积在臀部和腿部，甚至有些人的脂肪堆积在内脏。脂肪的堆积部位不同，造成我们身体形态的千差万别。很多人看到这里就会问：为什么脂肪不跟肌肉一样，是固定在身体的某个地方呢？其实脂肪的分布和我们每个人的体内激素是密不可分的，而激素分泌水平又受基因影响，也就是说身体内脂肪堆积的部位是出生之前就决定了的。

弄明白脂肪的分布后，我们再来看脂肪是如何在体内进行分解和利用的。

科学研究表明，全身脂肪是一个整体，没有任何一种方法可以实现局部（如腹部、腿部）脂肪的减少，不管是增加运动还是减少食物的摄入量，其实都是全身性脂肪的减少。因为脂肪要想分解必须依靠体内的激素调节，而激素会通过血液循环系统流经我们全身，将全身的脂肪细胞唤醒和分解，这就是我们所说的脂肪是全身性的分解和利用。

但是很多人会说，通过各项针对性练习特定部位的脂肪确实看上去少了，这又是怎么回事？其实，那仅仅是你通过锻炼增加了局部肌肉的含量，改变了该部位的脂肪与肌肉之比而呈现出的一种视觉效果。

总的来说，在减肥过程中局部减肥是不可行的，局部减少脂肪仅在美容手术中可以实现，但美容手术是起不到减肥作用的。要想减掉脂肪还得从改变我们的生活习惯开始，通过调整饮食结构和科学进行有氧练习与力量训练，逐步降低全身的脂肪含量，同时增加肌肉含量，从而达到减脂增肌的效果，进而达到塑形的目的。

◆ 二、 网红暴汗服能减肥吗

最近有一种在市场上热销的暴汗服，宣称穿上它运动 10 分钟就能达到 1 小时的出汗量，从而起到燃脂瘦身的效果。对广大爱美女性来说，可谓事半功倍，诱惑不容小觑。暴汗服被广大减肥人群列为“网红必备”产品，有人追捧也有人持不同意见，那么暴汗服真的管用吗？

首先我们来看下暴汗服是什么。暴汗服又被称为“发汗控体服”，是由聚酯纤维和银涂层组成，利用银纳米技术和纳米银膜热辐射发汗技术，将体表释放的热量反射回人体，形成热循环，从而促使人体不断排汗。通过定义我们可以看出，暴汗服减肥的出发点是出汗和燃烧脂肪。

暴汗服的效果是使用银涂层内胆在我们体表形成一个密闭的局部环境，使热量无法散发出去，最终导致体表温度不断上升，排出大量汗液来达到减少体液降低体重，其实商家是将减少体重和减少脂肪之间进行混淆，营造出暴汗服能瘦身、健美的销售热点。

暴汗服的目的和出发点是实现短时间内大量出汗，跟我们的雨衣有些类似；暴汗服最早是举重、格斗等竞技运动员在比赛前称重环节所采用的一种快速脱水的手段，失重减掉的是体内的水而不是脂肪，一旦称重完成，合理补充水分后体重就会很快恢复。也就是说暴汗服可以轻松让我们减轻几公斤，但是减掉的是我们体内的水分而不是脂肪，一旦我们补充足够的水分之后，体重就会快速恢复到之前水平。

用暴汗服来减少体重不但不会对我们体内脂肪的减少起多大作用，反而会使身体因排汗过多或所处的环境密闭而形成负担，长期穿着暴汗服运动还具有以下危害：首先，暴汗服会因密闭性太强而造成局部身体温度过高，排汗不畅，还容易诱发皮炎湿疹、肤质变差等皮肤疾病；其次，暴汗服会因短时间大量排汗而导致体内盐分丢失，如不能及时补充，会直接导致身体酸碱失衡及电解质紊乱，当短时间内出汗量超过我们体重2%的时候，我们的运动能力就开始下降，当超过6%的时候，我们的中枢神经系统就会出现损害，当超过8%的时候，会造成脱水性晕厥、心脏衰竭等并发疾病，甚至死亡。

综合来看，减肥是一个科学的过程，我们首先要管住嘴，其次要迈开腿。暴汗服仅仅是商家利用我们想快速减少体重的心理而做的一种营销，它不仅不能减肥，反而会因长时间穿着对我们的身体造成伤害。

网红暴汗服能减肥吗？
What 是什么
将体表释放
热量折射回
人体
聚酯纤维
银涂层
银纳米技术和纳米
银膜热辐射发汗技术
形成热循环
不断排汗
皮肤
Truth 真相
商家混淆减少
体重和减少脂肪
营造能瘦身、健美的
销售热点
减掉的是
水分，不是脂肪
像雨衣
目的是短时间
内大量出汗
一旦补充足够的水分，
体重会快速恢复
Harm 伤害
密闭性过高
局部身体温度过高
排汗不畅
诱发湿疹、肤质变差等皮肤疾病
酸/K^+
碱/Na^+
短时间大量排汗
体内盐分丢失，若不
及时补充，会直接
导致酸碱失衡、
电解质紊乱
短时间内出汗量：
体重
2% 运动能力开始下降
6% 中枢神经出现损害
8% 脱水性晕厥、心脏衰竭等并发疾病，甚至死亡
Conclusion 总结
减肥是一个科学过程
管住嘴，迈开腿！

◆ 三、 裹保鲜膜能减肥吗

有传言称，运动前在胳膊、腿、腹部等“肥肉”较多的部位裹上保鲜膜，然后再进行运动，可以让减肥的效果加倍。这样做真的有效果吗？

听上去很有道理，裹着保鲜膜运动之后，我们可以明显感觉保鲜膜上面有很多汗珠，那么，是不是出汗多了我们就消耗了更多的脂肪了呢？也就是我们所说的是不是出汗越多，消耗的脂肪就越多呢？

实际上这是个减肥误区，裹保鲜膜减肥与穿“暴汗服”减肥异曲同工，它们都不是科学减肥，这种方法仅是通过局部温度升高，促进局部排汗，造成局部失水，这样减掉的大部分是体内水分，脂肪消耗并没有增多，虽然体重在短时间内降低了，一旦饮食正常，我们的体重便会迅速恢复到原来水平，可见，我们裹上保鲜膜后的出汗量跟我们消耗脂肪量之间是不成正比的，并不是出汗越多，消耗的脂肪就越多。

研究表明，裹保鲜膜运动不但不能减肥反而会对身体造成伤害，弊大于益。首先，裹保鲜膜运动会因局部皮肤温度过高而刺激身体大量出汗，殊不知，虽然我们出汗量增加了，但我们体内的水分却相应减少了。水是体内代谢的重要媒介，当体内水分流失过多时，脂肪代谢将会变慢，这对脂肪的消耗非常不利。其次，裹保鲜膜后运动会使皮肤上的热量散发不出去，造成皮肤无法正常排汗，不仅容易滋生细菌，还极容易堵塞汗腺，导致皮肤的毛囊受损，引发毛囊炎等皮肤问题。最后，极端的情况下裹保鲜膜运动会因高温天气而加速体内水分的流失，造成我们身体过度脱水，当短时间内出汗量超过我们体重的2%的时候，我们的运动能力就开始下降，当超过体重6%的时候，我们的中枢神经系统就会出现损害，后果不堪设想。

总的来说，通过裹保鲜膜运动来减肥是得不偿失的，我们的出汗量和脂肪消耗之间是不成之比的，要想有效减肥，还需要通过“管住嘴、迈开腿”的方式，去调节饮食结构、增加运动、改变不良生活习惯，最终达到合理减重的目的。

◆ 四、 震动减脂仪真的可以减肥么

炎炎夏日，我们在商场里可以看到各式各样的震动摇摆机被摆在显眼的位置，吸引着广大减肥人士。很多人对商场内看似全身都在动，但又不感觉累的震动减脂仪跃跃欲试。据介绍，只要人站在上面，仪器就会带动整个身体进行上下左右全方位地抖动，5 分钟内可震动 3 万次以上，快速达到甩脂、溶脂，燃烧卡路里的目的。

震动减脂仪真的是减肥人士的救星吗?

实际上，震动减脂仪最早出现在外国宇航员的训练中。宇航员模拟失重状态时候，为保障血液流动和肌肉对血液的需求以及防止肌肉萎缩，需要一种通过震颤来起到加速血液流动、按摩、放松肌肉效果的仪器。震动减脂仪就是针对这个需求而研制出来的，通过后续研究发现，震动减脂仪还能被动消耗一定的能量，主要指体内的糖。

实际上，国内外健身房中都曾经流行过一段时间的震动减脂仪，但是仅仅作为供健身者运动后提升运动趣味性的仪器被普及，真正健身甚至是减肥的效果却相当有限，一段时间之后自然就销声匿迹了。

震动减脂仪是一种被动性运动，而我们身体日常进行的所有运动和锻炼都是主动性的运动。研究表明，只有主动性的运动才会刺激身体进行新陈代谢，促进体内糖和脂肪大量分解，为肌肉运动供能，而被动运动仅仅消耗很少的能量，远远达不到脂肪分解供能的消耗量。另外，由于我们身体内的肌肉、骨骼已经非常适应我们日常的主动性运动，突然进行的被动性运动会给身体带来不适感，长时间使用还会增加骨骼肌肉损伤、肠胃不适等风险，长时间使用高频震动甚至会破坏大脑神经及内脏器官自身稳态，极易对其造成损伤。

总的来说，震动减脂仪不但不具有直接减脂作用，长期使用反而还会对我们身体产生一定的伤害。减肥无捷径，最科学的减肥方式还是“管住嘴、迈开腿”，从调节我们饮食结构、增加运动、改善我们生活习惯开始，长期坚持，这样我们的体重就会控制在合理的范围之内了。

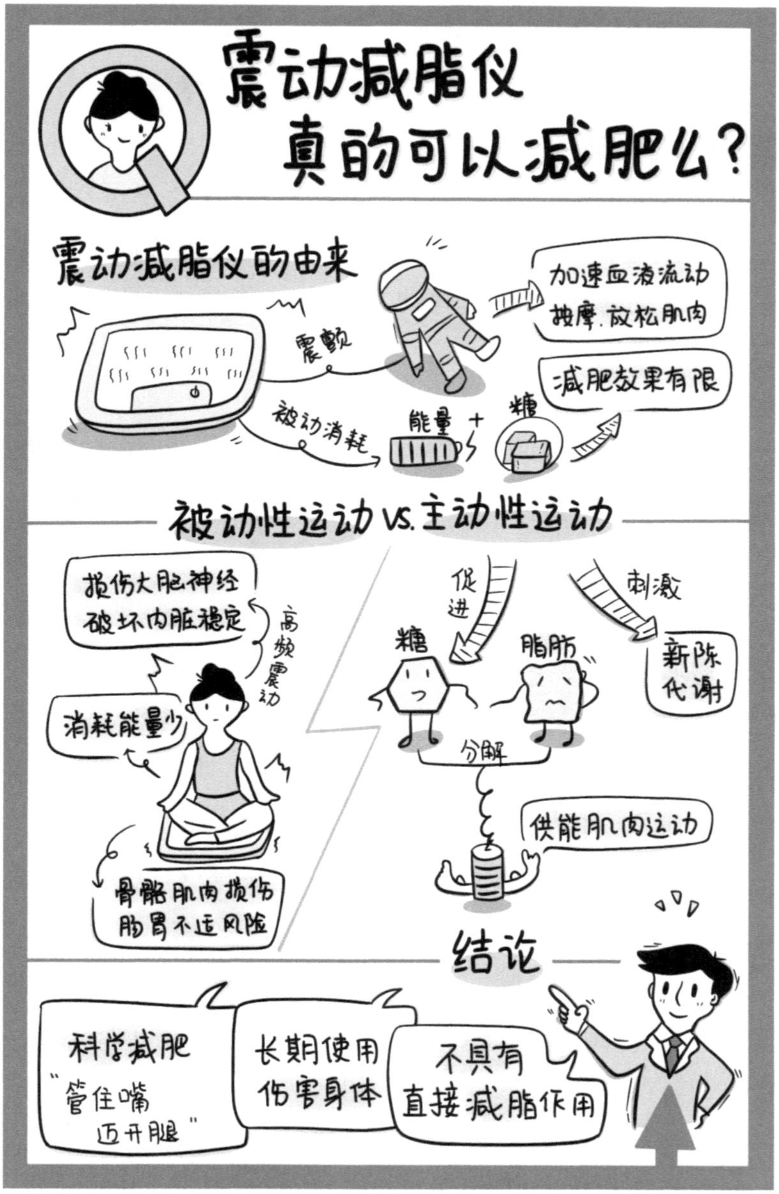

◆ 五、 饿着肚子进行运动的减肥效果更好吗

早上空气清新、环境安静，所以很多人喜欢在早上起床简单洗漱后就开始运动。但这个时候我们是没有吃早餐，饿着肚子进行运动的。很多人要的就是饿着肚子来运动，他们认为饿着肚子运动会直接调动体内糖原和脂肪分解，消耗脂肪量也会更多，会更快地达到减肥效果。但是，也有人认为应该早餐后运动，因为饿着肚子运动会给身体造成伤害。作为运动小白，我们有些摸不着头绪了，到底是否应该饿着肚子去运动呢？

首先，我们要说的是饿着肚子运动的减肥效果并不一定会更好，反而会增加运动损伤的风险。我们对“饿着肚子运动使体内血糖含量较低而身体会更快地消耗脂肪”的说法存在一定的误解。饿着肚子运动时，我们体内的血糖水平确实处于较低水平，但是血糖是我们大脑的直接供能物质，大脑会因得不到足够的能量而降低神经系统的兴奋性并给身体发出疲劳的信号，强制身体休息来节省能量优先保障大脑供能，若我们继续坚持运动，则极有可能会因神经系统兴奋性不够而导致做出的动作不到位，造成动作变形，加大运动损伤的风险，还有可能会因低血糖而出现乏力、头晕、面色苍白等不良身体反应，严重的甚至会出现晕厥、猝死等。

另外，饿着肚子的时候，我们身体会因为缺乏能量而加强体内脂肪的动用强度，道理虽然没错，但是当我们动用脂肪来异生供能的时候，血液中的游离脂肪酸浓度会明显上升，当游离脂肪酸浓度在合理范围之内时，它就是肌肉活动的主要供能物质，但当游离脂肪酸浓度超过一定量之后，它就会导致游离脂肪酸血症与代谢综合征、动脉粥

样硬化、急性冠脉综合征、心力衰竭等。

饿着肚子进行运动的危害这么多，我们应该如何通过科学的饮食来保障身体健康呢？

运动前的饮食应根据我们时间来确定，若时间比较充裕，则建议在早餐后超过半个小时再进行运动，若时间较紧，建议运动之前喝一杯水并吃半根或一根香蕉或几块饼干来保障运动时所需的葡萄糖及矿物质，防止因运动而造成能量的过度消耗，为我们的运动保驾护航。但需要特别注明的是，香蕉虽然对我们运动有好处，但是含钾高，患有急慢性肾炎、肾功能不全者不适合多吃。

饿着肚子进行运动的减肥效果更好吗
该不该饿着肚子运动
直接调动体内糖原和脂肪分解，消耗脂肪量就会更多，更快地达到减肥效果
早上没有吃早餐进行运动好
饿着运动会给身体造成伤害
我该听谁的呢
饿着肚子运动的坏处
动用脂肪来异生供能，血液中的游离脂肪酸浓度会明显上升
坏处2
坏处1
饿着肚子运动，大脑会因得不到足够的能量，强制身体休息优先保障大脑供能
当游离脂肪酸浓度超过一定量后，会导致游离脂肪酸血症与代谢综合征、动脉粥样硬化、急性冠脉综合征、心力衰竭等疾病。
如果继续运动，极可能会加大运动损伤的风险，甚至可能会出现乏力、头晕、面色苍白等不良身体反应，严重的甚至会出现晕厥、猝死等。
如何科学饮食保障身体健康
饿着肚子运动弊大于利
运动前喝一杯水并吃半根或一根香蕉或几块饼干等
早餐后半个小时再运动
时间充裕
时间较紧
0.5h
根据时间多少选择

◆ 六、水果、蔬菜代替主食是否可行

三月不减肥，四月徒伤悲，爱美的人士永远不是正在减肥就是在减肥的路上。为了有一个理想的身材，爱美人士采用的减肥方式五花八门，很多人认为主食是她们身体肥胖的主要原因，所以她们直接拒绝进食主食，每日用水果或蔬菜来代替主食，以期达到减肥的目的。那么，蔬菜和水果真的可以代替主食吗？

其实，蔬菜、水果可以部分代替主食，但是要避免食用过多、种类单一等误区，这些误区的存在就使得很多人发现明明自己已经很少甚至是不吃主食了，体重还上涨的原因。

首先，很多人认为蔬菜、水果的热量不高，可以随便吃，放心大胆地吃，其实并不是所有蔬菜和水果都是低热量食物，你忽略了这当中的一部分根茎类食材，如土豆、莲藕、山药、芋头等，食材中含有较为丰富的碳水化合物，其自身热量是可以直接跟主食相媲美的。加之蔬菜、水果的饱腹感不强，我们很容易为了满足饱腹感而提高饮食中蔬菜和水果的摄入量，并通过加餐的方式来抵消两餐之间的饥饿感，若我们没有注意控制总量，吃蔬菜、水果摄入的热量反而比吃主食摄入的还多，自然而然体重就会增加。

其次，我们烹饪方式的选择对吃蔬菜代替主食的效果影响非常大。我们选择蔬菜看重其低脂肪、低热量等特点，但很多蔬菜生吃的方式是不被大众所接受的，为了保障蔬菜的安全性和口感，很多人采用高油速炒的方式，殊不知，油本身就是脂肪酸和甘油形成的脂，这样一来，不知不觉我们摄入了大量的脂肪，虽然你感觉降低了主食的热量，但是你却在变相地摄入脂肪，消化脂肪产生的热量比消耗碳水化合物

产生的热量要高很多，自然体重就容易增长。

最后，水果中果糖含量较高而血糖生成指数较低，反而不利于我们减肥。根据热量换算公式来看，每克果糖含有 4 千卡热量，由于果糖代谢不依赖胰岛素，果糖几乎不会引起血糖升高，但却能在肝脏直接合成脂肪，导致血脂升高，内脏脂肪增加。另外，果糖不会刺激胰岛素和瘦素这两类激素的分泌，而这两类激素水平与“饱腹感”直接相关，它们在体内的浓度不上升，我们就越不容易有饱腹感，为了满足饱腹感我们就需要不断增加进食量，也就是吃的更多，这样体内合成脂肪的概率就会更高，对我们体重的控制反而是不利的。

总的来说，水果或蔬菜代替主食有一定的可行性，但是我们要做到定时定量进食，保障水果、蔬菜及食物多样化的同时，通过水果、蔬菜和杂粮结合的方式来保障我们身体所需的各类微量元素。

科学饮食习惯的培养是我们控制体重的重要步骤。第一，合理的饮食搭配保证正餐吃饱，切断任何形式的加餐和零食；第二，进食时候细嚼慢咽，拉长进餐时间，提高我们的饱腹感；第三，每餐都要吃，这样才不至于因两餐之间间隔过长而破坏饮食习惯，由于饥饿而加餐或吃零食会造成我们摄入额外的热量。第四，限制任何形式的饮料和酒精的摄入，饮料和酒精都是高能量的饮品。第五，烹饪方法的选择，通过蒸、煮、炖、凉拌等低油低盐的方式代替我们爆炒、油炸等高油的烹饪方法。

水果、蔬菜代替主食是否可行？
蔬果可部分代替主食
合理搭配，定时定量
保障果蔬及食物多样化
不是所有蔬果都是低热量食物
根茎类蔬菜
南瓜
莲藕
板栗
芋头
丰富碳水化合物
热量媲美主食
蔬果的饱腹感不强
离晚饭还有2h
要不先吃个苹果？
Oh, no!
蔬果吃太多
热量会超过主食
体重不减反增
水果的果糖含量高
果糖1克=4 Kcal
+肝脏
合成脂肪
血脂升高
蔬菜的烹饪方式很重要
高油速炒=大量脂肪
蒸煮炖、凉拌等
低油低盐的
烹饪方式
结论
采用凉拌
蒸煮炖等
低油低盐
烹饪方式.
限制饮料和酒精
高能量饮品的
摄入.
三餐定时，不加餐
正餐吃饱，不零食
细嚼慢咽
拉长进餐时间
提高饱腹感

◆ 七、 为什么会越练越瘦

减肥和增肌一直是健身界永久不衰的两大话题。练出一身肌肉是每个健身人士的终极目标，但是健身中最悲哀的两件事是想减肥的人怎么练也瘦不下去，而想增肌的人却越练越瘦，这又是怎么回事呢?

出现上述情况，其实是你太过依赖运动的功效，反而忽略了饮食。根据科学研究，大运动量会抑制人们对食物的渴望，而中等强度的运动则会刺激人们的进食欲望。不论你选择任何强度的运动都会消耗掉一定的能量，但若仅仅依靠运动而不对饮食进行相应的调节，你可能会进入消耗过剩的“怪圈”。

运动圈里流传着“三分靠练，七分靠吃”的说法，不论你是想减肥还是增肌，光“练”是有一定局限性的，做到“管住嘴，迈开腿”才是你迈向运动塑造身材的第一步。

出现你越练越瘦的原因，首先是“只练不吃”，你做运动消耗了部分能量而在运动后你却没有进行额外的摄入，导致运动消耗能量和基础代谢所需的能量大于每日摄入的能量，造成了身体能量的负平衡，长此以往，运动也会出现负平衡，久而久之你自然就越练越瘦了。

其次是虽然运动后也相应增大能量的摄入了，但还是越练越瘦。这主要有两方面的原因：一方面是你的饮食没有明确的目标，饿了就吃，吃饱就算，而科学饮食是根据你的运动量计算出消耗能量，再根据消耗的能量去合理增加和控制您的饮食总能量。另一方面是你的总能量到达消耗的要求，但饮食方案中蛋白质的含量不够。脂肪不同于肌肉，只要是你摄入能量过剩就会被转变为脂肪，而肌肉的增长则是需要你通过锻炼来将肌肉纤维先撕裂，在修复过程中需要大量蛋白质的参与，这个时候你饮食中摄入足量的蛋类、牛奶或海鲜等优质蛋白质会有助于肌肉的快速生长。既然蛋白质这么好，那么光吃蛋白质含量高的食物是不是就可以了呢？这里要说明的是，蛋白质的摄入也是有量的要求的，吃得过多反而会增加肾脏的负担，我们一般可以简单用自身体重来衡量，每日摄入蛋白质总量为每公斤体重 1.2～1.7 克为宜。

最后是你吃蛋白质的时机不正确，很多人会说，摄入蛋白质怎么还有时机呢？其实，你是没有充分利用好肌肉合成的窗口期。一般在运动完 30～60 分钟是肌肉修复和合成的窗口期，这个时候身体需要大量的优质蛋白，你需要适当地给每公斤体重补充 0.5 克左右的蛋白质，这样可以有效预防肌肉流失。

总的来说，想通过锻炼来塑造完美身材离不开运动和饮食两大支撑。我们要遵循“运动、饮食、恢复、再运动”的良性循环，把握运动与饮食的每个环节，科学合理地规划好运动强度，在饮食上注意脂肪、蛋白质和碳水化合物的合理搭配，长期不懈的坚持才会取得你想要的效果。

为什么会越练越瘦
怎么练都不瘦
肌肉呢？怎么还瘦了
太过依赖运动忽略饮食
大运动量抑制对食物的渴望，中等强度运动刺激进食欲望。
Why
只吃不练
饮食没有明确目标 蛋白质含量不够
吃蛋白质时机不对
运动消耗和基础代谢所需能量大于每日摄入能量造成负担
•根据运动量计算耗损能量，以此合理增加和控制饮食用量
•肌肉增长通过肌肉纤维先撕裂后修复，修复过程摄入优质蛋白有助肌肉增长。
运动完30-60分钟是肌肉修复和合成窗口期，需要大量优质蛋白，有效预防肌肉流失。
How
每日优质蛋白摄入：体重×（1.2～1.7克）
运动完30′-60′优质蛋白摄入：体重×0.5克
总结
“三分靠练，七分靠吃”
科学运动强度
长期坚持
饮食合理搭配
完美身材

◆ 八、 为什么会越运动越胖

随着生活质量的提高，体重超重、肥胖人群逐年增多，各种慢性疾病也在慢慢吞噬着我们的健康。据世界卫生组织统计，全球有超过20亿人应该减肥，我国超重、肥胖人群也已经接近总人口的四分之一，超重和肥胖已成为影响我们健康的重要疾患。其实，肥胖和超重及其相关慢性疾病在很大程度上是可以预防的。世界卫生组织建议，成年人每周150分钟的身体活动对超重和肥胖有很好的预防作用。都说运动减肥效果最好、最有效，但部分健身爱好者发现自己通过运动不但没有减肥反而越运动越胖了？

很多人就纳闷了，为什么我就运动着运动着就胖了呢？其实原因基本上可以归结为以下几类：

第一，“迈开了腿但是没有管住嘴”，光注重运动，没有注重饮食控制，也就是我们常说的“运动没有与饮食同步控制”。运动圈一直有减肥是“三分靠练，七分靠吃”的说法，虽然这一说法中运动和饮食的比例没有经过严格的实验验证，但是饮食与运动相结合的方式确是减肥的最佳方式，这一点已被广大减肥人群给证明了。

我们对参加运动后容易出现的几种不良饮食习惯进行了简单的总结，大体可以归纳为以下两类：第一类是因为运动消耗过大，身体自然会产生饥饿感，若这个时候你选择吃一些高脂肪、高热量的食物或通过暴饮暴食来满足身体的饥饿感，并认为自己通过运动可以消耗掉热量，吃点儿无所谓，结果就会出现运动消耗的热量不及吃进去的多，自然而然，多余的热量在体内被转换为脂肪存储，久而久之，你就越练越胖了。第二类是运动后过度节食，很多人觉得减少食物摄入同时通过运动，可以增加身体的能量消耗，让身体一直处于能量负平衡状态，自然而然，你就会瘦下来。但我们节食也要有一定的度，身体就像一个精密的机器，节食要保证营养物质的摄入以满足正常的新陈代谢需求，不能过度节食。过度节食，身体会消耗掉自身肌肉等物质来满足自身代谢，使身体长期处于饥饿状态，若我们的饮食恢复，则身体会出现报复性热量存储，减肥计划也功亏一篑。

第二，“迈开了腿但是迈开腿的度没有把握好”，运动强度控制不当，如运动强度过大或过小，均达不到减肥效果。很多运动减肥爱好者认为运动越多，减肥效果越好，运动强度越大，燃烧脂肪就越多。实际上，运动减肥有自己的运动强度和运动量，并不是运动量越多越好，也不是强度越大越好。我们一般推荐的运动强度和运动量为运动时间在 40 分钟左右的中等强度有氧运动为主，辅以力量练习。运动强度过大则容易造成代谢疲劳、内分泌紊乱等不良后果，不但不能达到我们增强体质、消耗脂肪的目的，反而会因疲劳等造成运动风险增高，对我们的健康不利。运动强度过小，虽然有热量消耗，但是消耗多以我们体内存储的糖为主，达不到刺激身体消耗脂肪的目的，也就是说你感觉累了，但是“白累”，没有任何减肥效果。

第三，“仅仅迈开了腿”，但运动种类过于单一，也未进行专门的力量训练。健身爱好者中普遍存在仅进行运动而不进行专门力量练习的误区，跑步的人仅跑步，打羽毛球的人就光打羽毛球，从来不进行专门力量练习，他们觉得力量练习只有显块的人才会进行。殊不知，身体也需要多元化的运动。我们在运动过程中可以以某个运动项目为主，如果想在运动技能或运动成绩上有所突破，就绝对不能忽视力量练习。

力量是所有运动素质的基础，进行力量练习可以有效增加各部位的肌肉力量，对于运动技能的提高和技战术的运用及损伤的预防都具有重要意义。力量练习还可以提高我们的静息代谢率，使我们不但在运动的过程中能量消耗增加，在运动后的日常生活中的能量消耗也增加，从而进一步降低我们体内能量转变为脂肪的概率。

总的来说，越运动越胖的原因主要由“迈开了腿但是没有管住嘴”、“迈开了腿但是迈开腿的度没有把握好”和“仅仅迈开了腿”三方面共同构成的，要想通过运动达到减肥的目的还需要通过科学的运动加上合理的饮食，不能盲目地节食甚至是不食。

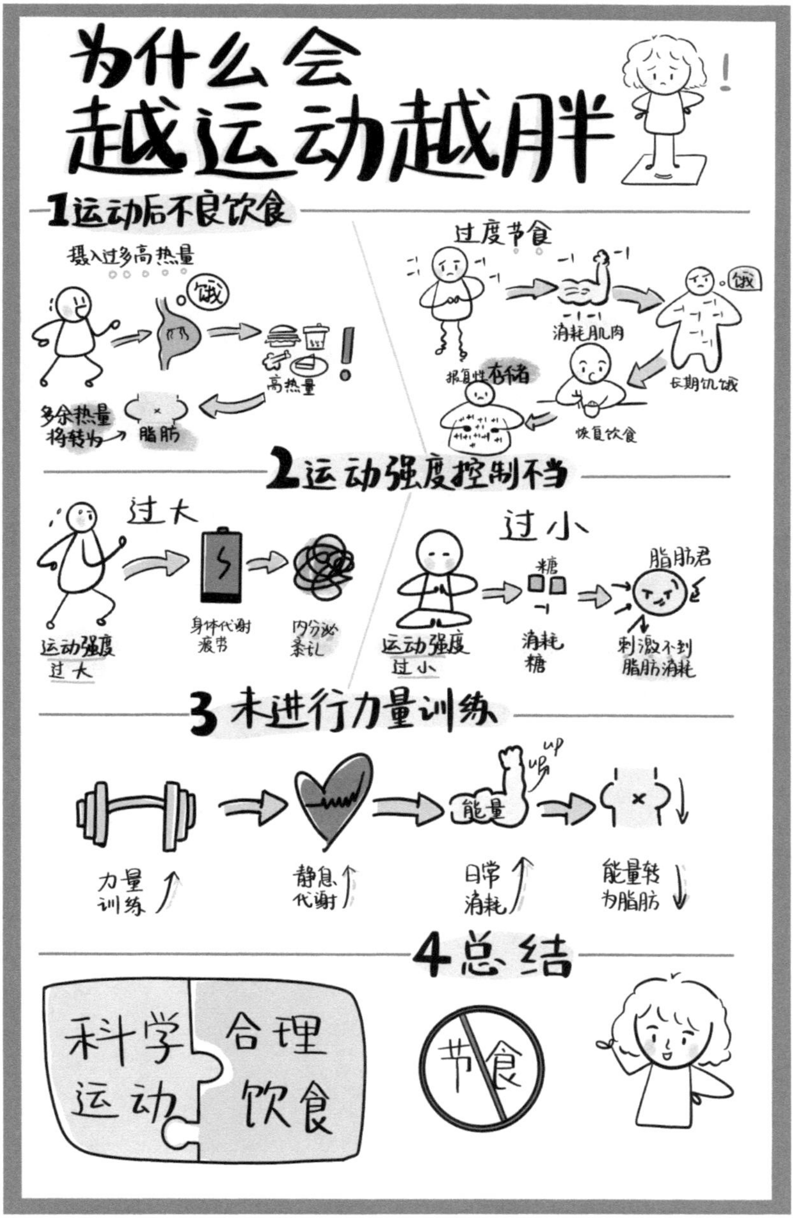

第四部分

慢病人群健身

◆ 一、 高血压人群是否能进行体育运动

高血压是指以体循环收缩压和（或）舒张压持续升高为主要临床表现的伴有或不伴有多种心血管危险因素的综合征。《中国高血压防治指南》将高血压定义为：在未用抗压药的情况下，收缩压≥140mmHg和（或）舒张压≥90mmHg，按血压水平将高血压分为1、2、3级。

血压水平的定义与分类

类别	收缩压（mmHg）	舒张压（mmHg）
正常血压	<120	<80
正常高值	120~139	80~89
高血压	≥140	≥90
1级高血压（轻度）	140~159	90~99
2级高血压（中度）	160~179	100~109
3级高血压（重度）	≥180	≥110
单纯收缩期高血压	≥140	<90

注：若您的收缩压与舒张压分属不同的级别，以较高的分级为准。单纯收缩期高血压也可按照收缩压水平分为1、2、3级。

随着我国老龄化进程的加快，我国患高血压人数也在逐年递增。高血压不但会对心血管造成一定的损伤，还会引起糖类和脂肪代谢紊乱等综合性疾病。高血压并不可怕，可怕的是它可控制但需要终身治疗并会对全身重要器官造成严重损害。根据中国高血压调查的最新数据显示，2012—2015年我国成年人高血压患病率已达到27.9%，由于高血压具有高覆盖性、高致病性和高危害性的特点，被世界卫生组织列为全球最大危害健康的疾病之一。

高血压既然是这么多疾病的危险因素，那么高血压人群能不能参与运动？

针对高血压的防治，世界卫生组织心血管疾病专家组认为，适宜的运动能够起到降低血脂、血压、改善心肺功能的作用，所以将运动作为预防高血压的推荐手段，将运动干预作为药物控制血压的有效辅助手段。

虽然运动对控制血压有益，但不是所有高血压患者都适宜进行运动。一般来说，1 级高血压和 2 级高血压及部分病情稳定的 3 级高血压患者可以运动，但对于血压波动较大的 3 级高血压患者及有严重并发症的患者，不主张其进行运动。

高血压人群是否能进行体育运动

定义

未用抗压药
收缩压 ≥140mmHg
缩张压 ≥90mmHg

分类

类别	收缩压(mmHg)	舒张压(mmHg)
正常血压	<120	<80
正常高值	120～139	80～89
高血压	≥140	≥90
1级高血压(轻度)	140～159	90～99
2级高血压(中度)	160～179	100～109
3级高血压(重度)	≥180	≥110
单纯收缩期高血压	≥140	<90

危害

可控+终身治疗

全球最大危害疾病之一

严重损害全身重要器官

能否运动

好处

1. 降低血脂、血压，改善心肺功能
2. 预防及干预的有效手段

适宜人群

1. 1-2级患者
2. 病情稳定的3级患者

不适宜人群

1. 血压波动大的3级患者
2. 有严重并发症的

◆ 二、 高血压人群如何运动

运动是一把双刃剑，科学地运动会增强体质健康，不科学地运动则会损害健康，由于高血压人群在运动中遇到意外的可能性本来就比普通人要高，不科学地运动更会造成不可逆的后果。尽管如此，很多专家还是建议高血压患者通过科学地运动来提高身体的抵抗力和血管的柔软度。那么高血压人群该如何运动呢？

首先，运动前测量血压，判断是否可以进行运动。血压超过 160/90mmHg 时，暂时不应参加运动；患有高血压，并伴有心、脑、肾并发症或存在不稳定型心绞痛、半年内发生过心肌梗死、严重心律失常者均不应参加运动。

其次，选择一个适合的运动项目。高血压人群可以选择节奏缓慢、运动强度不大的有氧运动，如快步走、慢跑、太极拳、游泳、骑自行车、健身气功等运动项目。

再次，控制好运动量。运动量由运动强度和运动时间构成，而运动时间又分为运动时间的选择和运动持续的时间两个方面。高血压人群运动时间有限制，在运动时间选择上，高血压人群不宜太早、太晚、早餐前空腹运动，应在日出后半小时到日落前半小时这段时间内运动，且运动应在餐后一小时左右进行；运动持续时间应控制在 30~60 分钟为宜。运动强度方面，心率控制在（170−年龄）±10 次的范围为宜，最高不超过（170−年龄）+15 次。

最后，运动要循序渐进、持之以恒。由于高血压人群大多为中老年人，没有运动习惯，所以刚开始运动时，建议每周运动 3 次，每次运动持续时间 30 分钟左右为宜，这样运动对身体的刺激较小，有利于运动习惯的养成。运动习惯养成后，在保持运动持续时间不变的情况下，适当增加运动次数，逐渐过渡到每天都进行运动，这期间一定要特别注意运动持续时间要控制住（保持在 30 分钟左右）。当适应每天运动后，可通过减少运动次数，增加运动时间的方式，让身体适应更高强度的运动刺激。

总的来说，高血压人群主要还是以药物来维持血压稳定，而运动作为药物稳定血压后的一种康复辅助手段。高血压人群运动时，最好结伴而行，并且让家人掌握运动轨迹，以防止意外事件的发生。同时运动也要量力而行，不可争强好胜，参加运动强度较大的运动或容易引起血压升高的运动，如举重等。

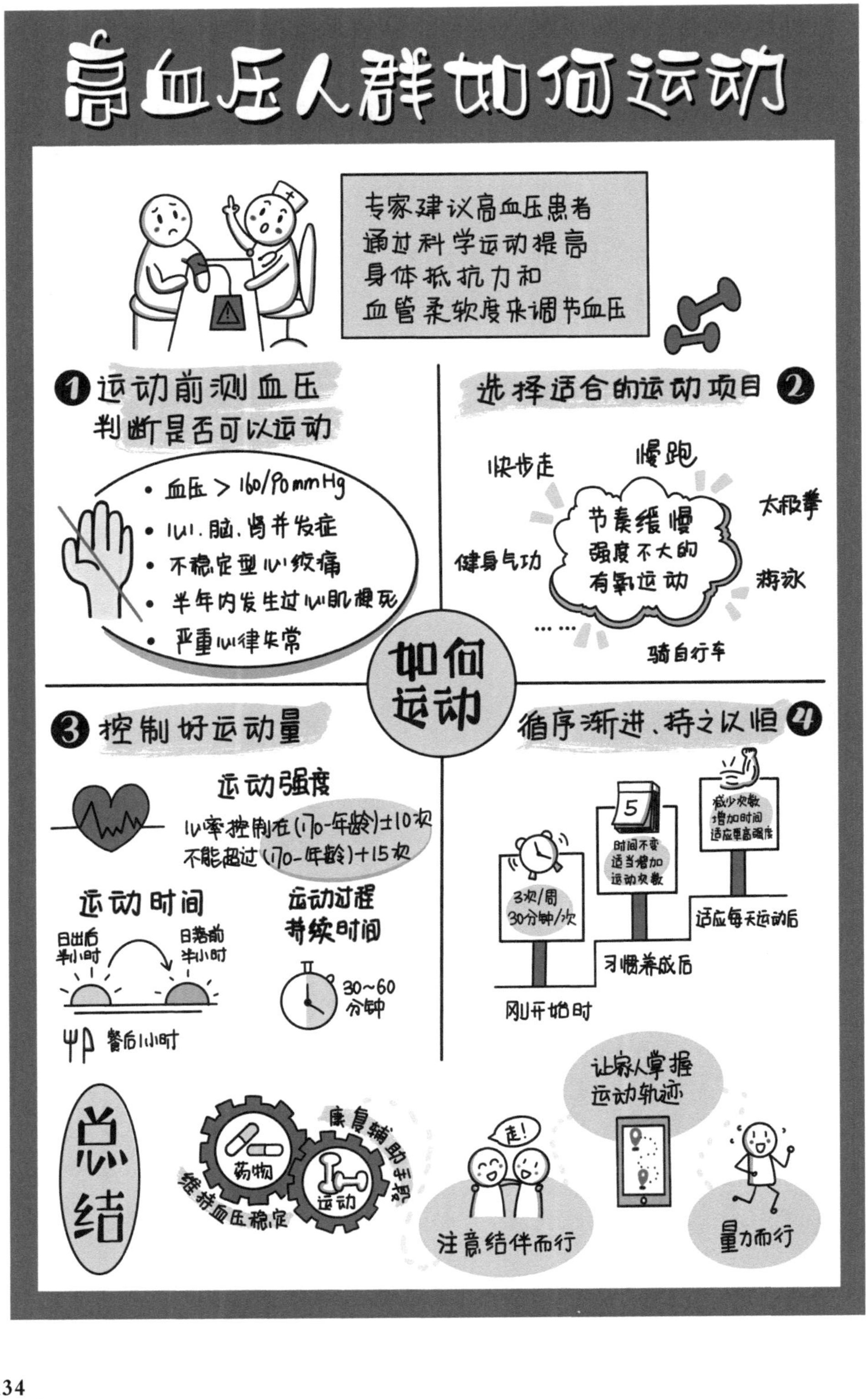
高血压人群如何运动
专家建议高血压患者通过科学运动提高身体抵抗力和血管柔软度来调节血压
1 运动前测血压 判断是否可以运动
血压＞160/90mmHg
心、脑、肾并发症
不稳定型心绞痛
半年内发生过心肌梗死
严重心律失常
选择适合的运动项目 2
快步走
慢跑
太极拳
健身气功
节奏缓慢 强度不大的 有氧运动
游泳
……
骑自行车
如何运动
3 控制好运动量
运动强度
心率控制在(170-年龄)±10次
不能超过(170-年龄)+15次
运动时间
日出后半小时
日落前半小时
餐后1小时
运动过程持续时间
30~60分钟
循序渐进、持之以恒 4
3次/周 30分钟/次
刚开始时
5
时间不变 适当增加运动次数
习惯养成后
减少次数 增加时间 适应更高强度
适应每天运动后
总结
药物
运动
康复辅助手段
维持血压稳定
走！
注意结伴而行
让家人掌握运动轨迹
量力而行

◆ 三、 高血压人群运动要注意哪些事

运动对血压的控制有益，但是高血压是脑出血和脑梗死的最重要的危险因素，所以为了规避因运动不当对身体造成的伤害，高血压人群在运动的时候需要注意以下几点：

第一，不是所有高血压患者都可运动。一般来说，1 级高血压和 2 级高血压及部分病情稳定的 3 级高血压患者可以运动，但对于血压波动较大的 3 级高血压患者及有严重并发症的患者，不主张进行运动。

第二，运动要在医生指导下进行。任何运动都有风险，不论您是哪一级高血压患者，在运动前一定要咨询您的医生，在医生指导下选择适宜您身体情况的运动项目和运动时长，切忌盲目跟风，别人怎么练我就怎么练。

第三，运动过程中最好实现实时血压和心跳的监测。伴随着科技产品的发展，很多运动腕带都具有实时监测血压和心跳的功能，运动时根据医生指导建议将血压和心率控制在合理范围之内，切忌运动时候因高兴而突破了运动心率或血压上限。

第四，运动频次和运动强度要控制好。运动可使收缩压和舒张压一定程度上降低，一般运动带来的降压效果可以维持 22～24 小时，从科学健身、运动安全和有效性方面考虑，运动时遵循中等强度、短时间、多次的原则，通过每日累积运动量，就可以最大限度地发挥运动效果，将血压维持在较低水平。

第五，运动要长期坚持才有效。研究表明，高血压人群最少经过一个月的科学运动疗法血压才能初见成效，坚持两个月血压才能有一定成果，半年左右超 80%的高血压受试者血压才明显下降。

总的来说，针对高血压人群，目前药物治疗是根本，运动疗法仅是药物控血压的一个辅助手段，切忌盲目停药。运动降血压跟高血压治疗一样，需要长期坚持才有成效。

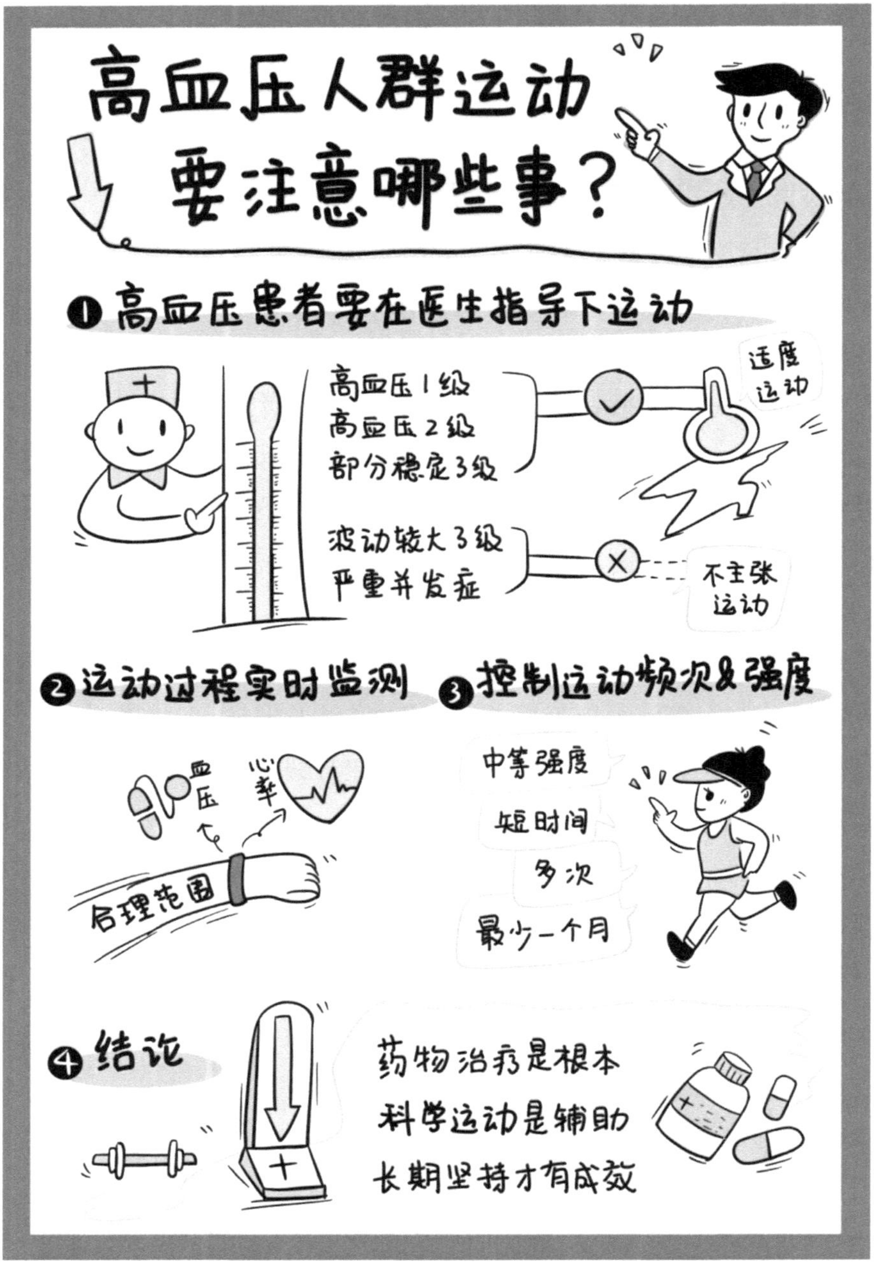

◆ 四、 糖尿病人群可以运动吗

糖尿病是由于胰岛素分泌减少或无法利用引起的血糖浓度升高（高血糖）为特征的一组代谢性疾病。持续升高的血糖水平使患者有不同程度的微血管和大血管疾病及神经（周围神经和自主神经）病变风险。糖尿病主要有两种类型：Ⅰ型糖尿病和Ⅱ型糖尿病。Ⅰ型糖尿病主要是分泌胰岛素的胰岛β细胞自身免疫损伤所致，它的特征是胰岛素绝对缺乏和酮症酸中毒倾向。Ⅱ型糖尿病是由于骨骼肌、脂肪组织和肝脏胰岛素抵挡伴随胰岛素分泌缺陷所致，它的特征是身体脂肪在躯干部位堆积过多（如腹部肥胖或中心性肥胖）。

现阶段糖尿病是常见病和多发病，研究表明，营养过剩、体力活动减少而导致的肥胖是Ⅱ型糖尿病的最主要环境因素。由于糖尿病常伴有高血压、血脂异常、动脉硬化等疾病，且在早期无任何症状，不能引起患者的前期重视，当“三多一少”（吃得多、尿得多、出汗多、体重减少）症状出现的时候，患者多表现为身体多系统损伤，并伴有多种并发症，这个时候的糖尿病已经较为严重了。

目前糖尿病没有根治方法，常用的治疗手段有饮食治疗、运动治疗和药物治疗。有些糖尿病患者会对运动过程中出现高低血糖甚至引发心脏疾病等突发情况过度担忧而对运动疗法产生一定的排斥心理。研究表明，合理规律性运动可增加机体组织对胰岛素的敏感性，从而促使血中葡萄糖被肌肉等组织利用，使血糖降低，以达到预防糖尿病相关并发症、胰岛素抵抗和Ⅱ型糖尿病等效果。

所以说，只要运动安排得合理、科学，糖尿病患者是可以运动的，但不是所有糖尿病患者都适合运动。一般来说，肥胖的Ⅱ型糖尿病患者、轻度和中度Ⅱ型糖尿病者、稳定期Ⅰ型糖尿病患者适合运动疗法；重型糖尿病患者或者有糖尿病重症综合并发症的患者（如血糖未得到很好控制的重型糖尿病患者、合并急性感染的患者、有酮症酸中毒的患者、心力衰竭心律失常者、严重糖尿病肾病患者、严重眼底病变及新生血栓患者等）不适合运动疗法。

运动虽然对糖尿病的预防和治疗有益，但是运动疗法不能代替药物疗法，应配合饮食疗法一起才能有好的效果。

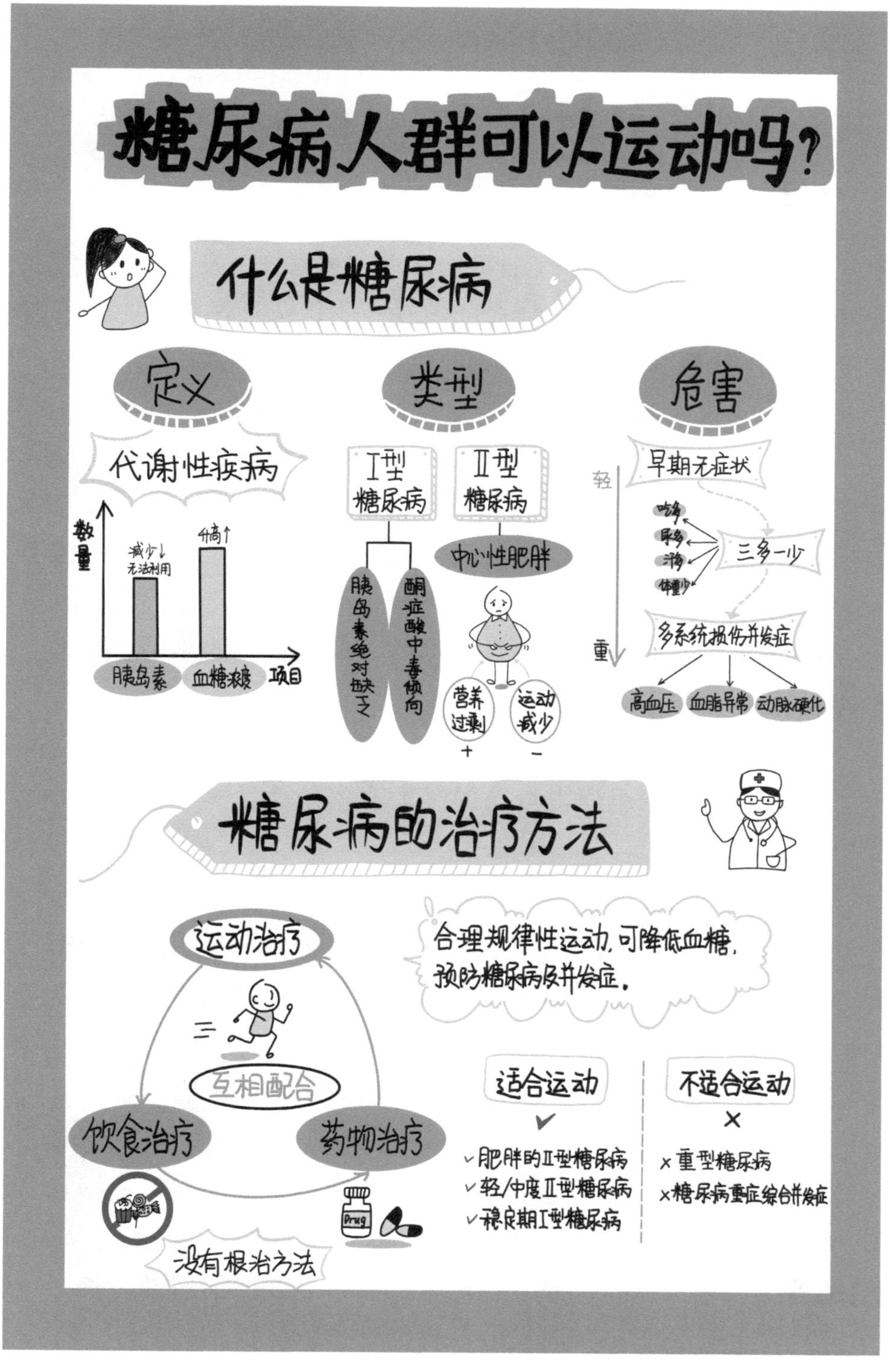
糖尿病人群可以运动吗？
什么是糖尿病
定义
代谢性疾病
数量
减少↓ 无法利用
升高↑
胰岛素
血糖浓度
项目
类型
Ⅰ型糖尿病
Ⅱ型糖尿病
胰岛素绝对缺乏
酮症酸中毒倾向
中心性肥胖
营养过剩 +
运动减少 −
危害
轻
重
早期无症状
吃多
尿多
渴多
体重少
三多一少
多系统损伤并发症
高血压
血脂异常
动脉硬化
糖尿病的治疗方法
运动治疗
互相配合
饮食治疗
药物治疗
Drug
没有根治方法
合理规律性运动，可降低血糖，预防糖尿病及并发症。
适合运动
✓
✓肥胖的Ⅱ型糖尿病
✓轻/中度Ⅱ型糖尿病
✓稳定期Ⅰ型糖尿病
不适合运动
×
×重型糖尿病
×糖尿病重症综合并发症

◆ 五、 糖尿病人群如何运动

糖尿病患者适量运动会促进病情好转、预防并发症、改善生活质量，不过运动一定要建立在合理和科学的基础上才会有好的作用。那么，糖尿病患者该如何运动呢？

第一，运动方式应以有氧运动为主。有氧运动种类很多，以降血糖为目的的锻炼，应选择持续性的、有节奏的、动员大肌群的运动，如快走、骑车、游泳、太极等。为了能更好地坚持运动，可将运动穿插于自己的日常生活中，如步行上下班、下楼梯、骑自行车、擦地板等。运动方式的选择可遵循个性化原则，依据自己的年龄、性别、习惯、兴趣爱好来确定。

第二，运动强度以中等强度为宜。运动时的心率控制在自己最大心率的 40%~60%。还记得自己的最大心率怎么计算吗？最大心率=220−年龄。

第三，运动的时间在餐后 0.5~1 小时运动为宜。有研究表明，餐后 60 分钟进行运动，降糖效果最好。使用胰岛素和口服降糖药物者应每天定时活动，避免在胰岛素和降糖药发挥最大效应时活动，以防低血糖。使用胰岛素 1.5 小时后或口服降糖药 1 小时后均应进行运动。另外，建议选择相对温暖或清凉的时候进行运动，不建议在天气较为炎热或寒冷的时候进行运动。

第四，每次运动时间在 20~30 分钟为宜。运动时间可根据自身运动习惯进行判断，若您是初次参加运动，建议单次运动时间先从 10 分钟左右开始，根据运动过程中的身体感受，逐渐增加运动时长，一般 1 个月左右达到每次运动时间 30 分钟为宜。

第五，运动频率要保持每周 3～7 天。具体的运动频率可根据个人对运动的反应和适应程度进行判断，采用每周 3 次或隔日 1 次，或每周 5 次等不同的间隔周期。

第六，运动应持之以恒。研究发现，如果运动间隔超过 3～4 天，已经获得的胰岛素敏感性会降低，运动效果及积累作用也会减少。

第七，运动前要热身和运动后要拉伸。运动前的热身可以有效调动身体运动机能，预防运动损伤，而运动后的拉伸可以有效缓解肌肉的紧张和因运动造成的肌肉酸痛，降低运动风险。

需要强调的是，运动过程中一定要准备一些糖果和水等，预防低血糖、运动脱水等不良症状的出现。

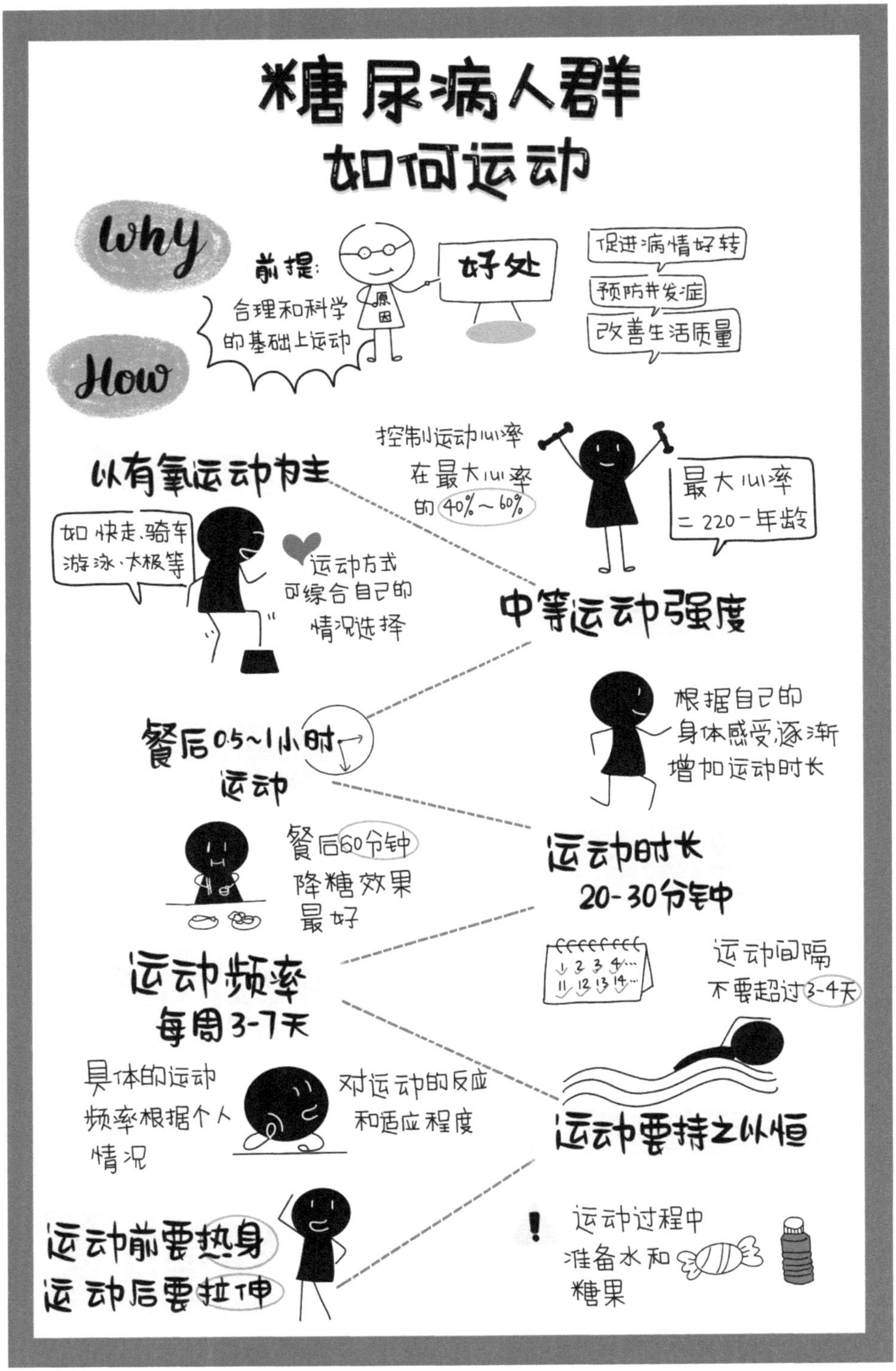
糖尿病人群
如何运动
Why
How
前提:
合理和科学
的基础上运动
原因
好处
促进病情好转
预防并发症
改善生活质量
以有氧运动为主
如 快走、骑车
游泳、太极等
运动方式
可综合自己的
情况选择
控制运动心率
在最大心率
的40%～60%
最大心率
=220－年龄
中等运动强度
餐后0.5～1小时
运动
根据自己的
身体感受逐渐
增加运动时长
餐后60分钟
降糖效果
最好
运动时长
20-30分钟
运动间隔
不要超过3-4天
运动频率
每周3-7天
具体的运动
频率根据个人
情况
对运动的反应
和适应程度
运动要持之以恒
运动前要热身
运动后要拉伸
运动过程中
准备水和
糖果

◆ 六、 糖尿病人群运动要注意哪些事

大多数糖尿病患者需要进行适当的运动来控制血糖，延缓糖尿病及慢性并发症的发生，但运动有风险，为了降低运动风险、避免意外事件的发生，糖尿病患者在进行合理科学的运动的同时，还需要注意以下事项：

第一，Ⅰ型糖尿病患者，在血糖没有得到很好控制之前，不要参加运动锻炼，这是因为Ⅰ型糖尿病患者胰岛功能几乎完全丧失，胰岛素严重缺乏，运动会使血糖升高，脂肪分解增加，在缺乏胰岛素的情况下，不能氧化分解酮体，从而增加了酮症酸中毒的危险。

第二，近期有明显的眼底出血、视网膜剥离及青光眼的患者应在病情得到有效控制后再参加运动；

第三，有糖尿病肾病，尿中有蛋白、红细胞及管型者应主动减少运动量。

第四，血压明显升高，大于 170/110 mmHg 者应暂停运动。

第五，严重心律失常、心功能不全、心绞痛或心肌梗死者应中止运动。

第六，有明显的糖尿病神经病变，影响四肢、肌肉的感觉和运动者必须在有效的保护和监测下进行运动，糖尿病足患者必须进行评估，降低运动量，严重者应避免运动锻炼。

第七，并发急性感染和肝肾功能不全者不能参加运动锻炼。

第八，尿中有酮体者不能参加运动锻炼。

第九，糖尿病患者在进行运动疗法之前，最好到医院进行一次全面系统的检查，包括血压、血糖、糖化血红蛋白、心电图、眼底、肾

功能等。

第十，不要在清晨空腹时剧烈运动，因为清晨是一天中人体血糖最低的时间，此时运动特别是运动量大时容易发生低血糖反应，提倡餐后运动。

第十一，使用胰岛素或口服降糖药物后未能及时进食时，应避免运动。

第十二，合理安排运动量，不要超大量地剧烈运动。

第十三，运动过程中，注意心率变化及自我感觉，如感觉身体状况不好，应立即停止运动，并找他人救助。

第十四，随身携带几块糖果，以防发生低血糖及时补充糖分。

第十五，为防止发生意外，运动时要随身携带记录有本人姓名、年龄、家庭住址及联系电话的糖尿病病情卡。

第十六，选择安全的运动场地，寻找合得来的运动伙伴，避免单独运动。

第十七，做好运动记录，应定期监测运动前、运动后和运动中血糖值的变化。如有不适，请医生或专业人士对您的运动方案做相应调整。

糖尿病人群运动
要注意哪些事
I型
I型
糖尿病患者
现有病情
眼底出血
青光眼
视网膜剥离
肾
糖尿病
肾病
病变
神经病变
血压
170
110
血压升高
心律失常
并发
急性感染
忌
尿中有
酮体
宜
合理安排
运动量
运动前全面检查
吃早餐
不空腹
服药后有进食
STOP
感觉不适
及时停止
随身携带糖果
避免单独
运动
随身携带
病情卡
病情卡
运动记录

◆ 七、 骨质疏松人群可以运动吗

骨质疏松是一种全身性骨量减少、骨组织微观结构退化、骨脆性增加、骨强度降低的骨代谢性疾病。

随着世界人口的老龄化，骨质疏松的发病率也逐年上升，现已成为世界普遍关注的公共卫生问题。它严重地影响着患者的生活质量，患者不仅周身疼痛，还会伴有身高降低、驼背、骨折等临床症状。一直以来，对于骨质疏松的治疗主要以药物治疗为主，尽管药物治疗能够在一定程度上缓解骨量丢失，但却无法治愈，且还有一定的毒副作用。

近年来，越来越多的研究表明运动可以延缓骨质疏松的发生，降低骨质风险。运动对骨健康有很多益处，对儿童和成年人来说，可以提高骨密度、骨量和骨强度，同时增加肌肉力量。运动也能提高年轻人和老年人的平衡能力，降低跌倒和骨质疏松性骨折的风险。因此，运动成为预防骨质疏松首选的非药物性方法。

也许您还有一个疑问，运动对预防骨质疏松是有作用，但如果本来就骨质疏松了，再运动不是增加了骨折的风险吗？其实，运动不仅可以减缓骨质疏松的速度（虽然不能逆转），而且可以通过锻炼增加肌肉群，降低老年人跌倒的概率，可谓一箭双雕。

所以说，骨质疏松患者不仅可以运动，而且必须运动，通过运动积极防治骨质疏松，改善生活质量。需要特别注意，全身症状较重或是已经发生过脆性骨折的患者，需在医生的指导下进行运动。

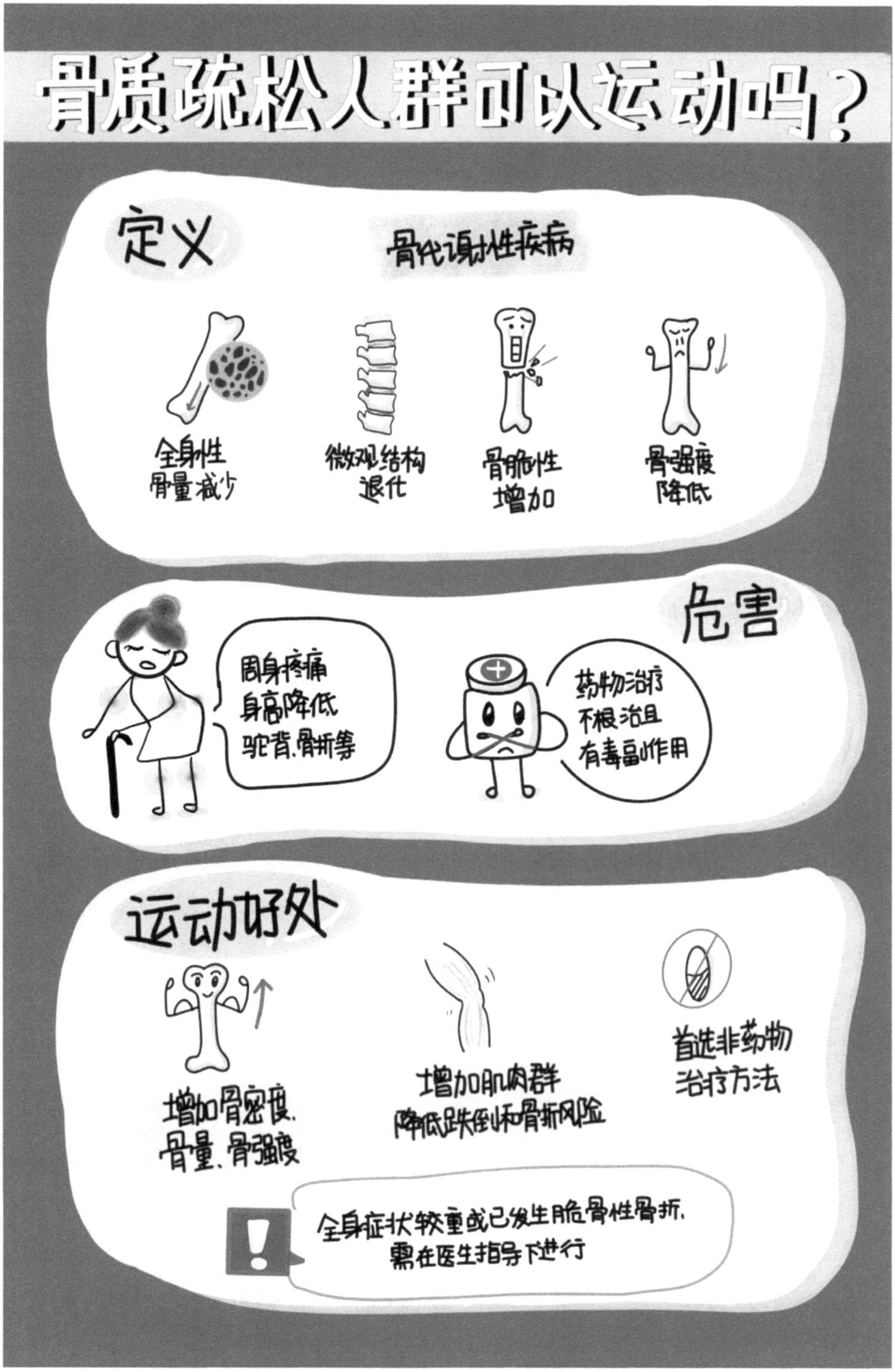
骨质疏松人群可以运动吗？
定义
骨代谢性疾病
全身性骨量减少
微观结构退化
骨脆性增加
骨强度降低
危害
周身疼痛
身高降低
驼背、骨折等
药物治疗
不根治且
有毒副作用
运动好处
增加骨密度、骨量、骨强度
增加肌肉群
降低跌倒和骨折风险
首选非药物治疗方法
全身症状较重或已发生脆骨性骨折，
需在医生指导下进行

◆ 八、 骨质疏松人群如何运动

中老年人通过科学合理的运动，一方面可减缓骨量的丢失，延缓原发性骨质疏松症的发生，起到强身健体的作用；另一方面可避免原发性骨质疏松引起的骨折等系列并发症的发生，改善生活质量。那么原发性骨质疏松患者该如何运动呢？

第一，运动方式一般为全身的有氧运动与特定部位的专门性力量运动相结合的形式，但不同运动阶段，其比重和内容不同。有氧运动可以选择步行、骑车等全身心运动的项目，有负重的项目更好；力量运动项目可以选择有撞击性的运动，以加强骨折好发部位周围肌肉的力量练习，如实心球、哑铃、弹力带等。运动初期应以全身的有氧运动为主，轻微力量练习为辅，其目的是提高运动者循环系统的机能，以适应运动对机体各部位的刺激，并使全身骨骼初步感受较小负荷的刺激而不至于引起骨折。当运动者逐渐适应初期有氧运动和力量练习的强度后，可逐步增加力量练习的比重，直至局部力量练习强度自我感觉较吃力，有氧练习的运动量不变，即全身有氧运动和局部力量练习比重相同。

第二，运动强度方面以有氧运动为中等强度，力量练习为较大强度为宜。骨组织的代谢与全身和局部的功能活动量成正比，因此骨质疏松人群运动的强度应在一定生理承受范围内偏大。力量练习的强度可以从 60%最大力量开始，逐渐增加到 80%最大力量。有氧运动可通过心率确定运动强度。一般运动时的心率控制在有氧心率的范围内，即 40%~60%。初次运动时，应选择低强度，随着体能的提高和对运动的适应，强度再逐渐加大，直至到达上限。

第三，运动的时间最好选择下午。在下午进行运动比较安全，原因有两方面：一方面是时间生物学认为人体运动工作能力的近似昼夜节律的峰相位，绝大多数是在下午 3 点到 6 点；另一方面是选择下午运动可以尽量避免晨起运动中老年人因血浓度和血黏稠度较高而引发心脑血管疾病的风险。

第四，运动时间依据所选运动项目、运动难度和本人的主观感觉来决定。在确定的运动强度范围内，以轻微疲劳而休息后得以解除为前提。一般来说，中老年人每次运动时间在 30~60 分钟为宜。

第五，运动频率要保持每周 3~6 天。具体可根据自己的身体状况调节运动次数，但必须保证有休息恢复的时间。

第六，运动前后一定要热身和拉伸。运动前的热身可以有效调动身体运动机能，预防运动损伤；运动后的拉伸可以有效缓解肌肉的紧张和因运动造成的肌肉酸痛，降低运动风险。

需要强调的是，运动要量力而行，循序渐进，安全至上，同时加强自我监测，以防意外事件的发生。

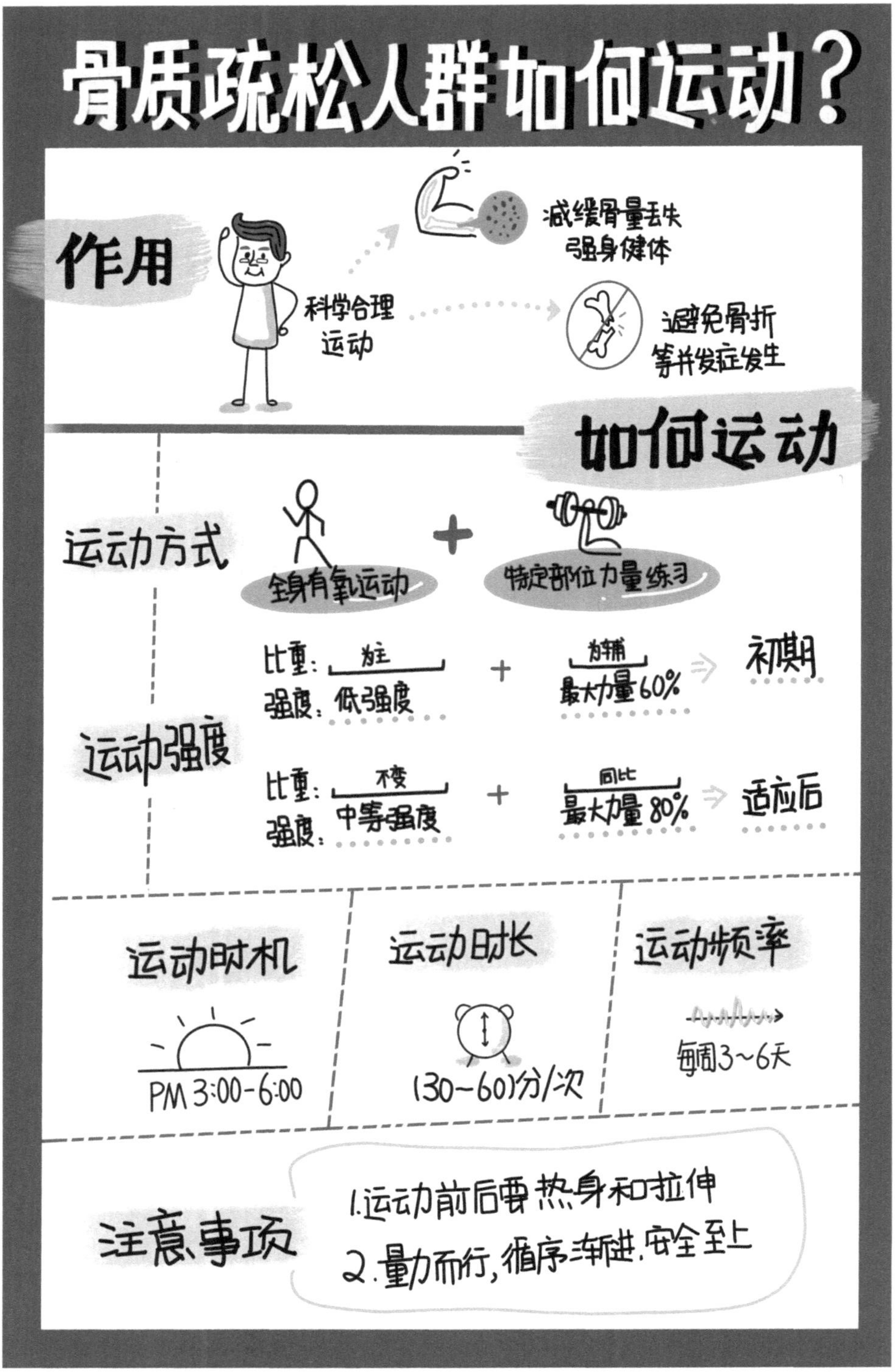
骨质疏松人群如何运动？
作用
科学合理运动
减缓骨量丢失
强身健体
避免骨折等并发症发生
如何运动
运动方式
全身有氧运动
+
特定部位力量练习
运动强度
比重：为主
强度：低强度
+
为辅
最大力量60%
初期
比重：不变
强度：中等强度
+
同比
最大力量80%
适应后
运动时机
PM 3:00-6:00
运动时长
(30~60)分/次
运动频率
每周3~6天
注意事项
1.运动前后要热身和拉伸
2.量力而行，循序渐进，安全至上

◆ 九、 骨质疏松人群运动要注意哪些事

骨质疏松症患者多为中老年人，其骨密度、骨量和骨强度比正常人低，为了保证运动的安全性，避免意外事件的发生，骨质疏松患者参加运动时应该注意以下几件事：

第一，运动之前，对身体进行全面检查，了解自己是否有运动禁忌症并评估心肺的承受能力。

第二，运动时，不宜选择突然屏气，大爆发力的用力动作。

第三，运动强度应逐渐加大，以防运动损伤。

第四，运动应尽量安排在户外进行，以增加日照机会，促进维生素 D 的生成和吸收，从而促使钙的沉淀。

第五，运动的同时注意均衡膳食，合理补充营养。必要时，在医生的指导下适量补充药物。

第六，要想维持较高的骨量，延缓骨量的流失，必须持之以恒进行锻炼，提高锻炼兴趣，养成锻炼习惯。

第七，加强医务监督，定期检查身体状况，根据检查结果和运动感受，调整锻炼方案，保证运动效果。

第八，尽量减少或避免跳跃、甩腰和脊柱过多弯曲的运动。

第九，运动中要有提高平衡能力的练习，特别是注重腿部、臀部和躯干肌肉的锻炼，因为这些肌肉主要负责身体平衡。

第十，老年人特别是女性，不要过量运动，以免发生脊椎压缩性骨折，进行性动脉硬化，同时不宜做呼吸加快的运动，否则会使组织中氧浓度下降而引起骨量下降。

骨质疏松人群运动要注意哪些事？
患者多为中老年人
1 运动前全面检查身体
是否有运动禁忌？
心肺的承受能力？
2 运动时不宜突然屏气、大爆发力的动作
3 运动强度逐渐增加
逐渐增加强度 以防运动损伤
4 尽量在户外运动
增加日照
促进维生素D生成和吸收
促使钙沉淀
5 均衡膳食，必要时听医嘱补充药物
不要擅自用药哦！
合理补充营养
6 持之以恒进行锻炼
持之以恒
养成锻炼习惯
提高锻炼兴趣
延缓骨量流失
维持较高骨量
7 加强医务监督，定期检查身体状况
根据你的检查结果和运动感受，调整了这份锻炼方案。
8 避免跳跃、甩腰和脊柱过弯的动作
9 要有提高平衡力的练习
着重锻炼主要负责身体平衡的肌肉：
腿部
臀部
躯干肌肉
10 不要过量运动
过量运动
！脊柱压缩性骨折
！组织中氧浓度下降引起骨量下降
进行性动脉硬化
做呼吸加快的运动

◆ 十、 血脂异常人群如何运动

血脂异常是由于脂肪代谢或转运异常而导致的血液中总胆固醇和甘油三酯水平过高，以及血液中高密度脂蛋白胆固醇水平过低的现象。血脂异常属于代谢性疾病，主要对心血管系统产生危害，容易造成动脉硬化，同时还可能引发各种并发症。随着生活水平的提高，血脂异常也成为我们主要的生活方式疾病，它具有发病率高等特征，已经对我们的生命质量造成严重威胁。

如何安全有效地防治血脂异常成为社会关注的热点，运动疗法因费用低、简便易行、安全有效等特点为广大患者所青睐，但是如何科学有效地进行运动又是很多患者所迷茫的。

首先，运动方式要选对。运动方式千万种，是不是每一种都对我们的血脂调节有效呢？答案是否定的。不同运动方式会对我们身体素质有不同程度的促进，但并不是每种运动方式都能有效地起到调节血脂异常的作用。在各种运动中，耐力性运动项目是预防和治疗血脂异常的有效方法，如健步走、慢跑、骑自行车、走跑交替等持续时间较长的运动，会引起脂蛋白脂肪酶活性升高，从而达到改善血脂的作用。

其次，运动强度要适宜。有了运动项目，运动强度的调整对我们血脂调节也具有重要的作用。运动强度过小，达不到调节血脂的效果；运动强度过大，则会增大运动损伤的风险，所以一定要科学合理调整好运动过程中的运动强度。我们可以采用心率来实时对运动强度进行衡量，一般运动过程中的理想心率控制在（220-年龄）的60%~70%为宜。

最后，运动持续时间要控制好。建议遵循循序渐进的原则，若没有运动经历，刚开始每天运动时间可以适当缩短；适应当前运动强度后，每次锻炼的有效时间应在30分钟以上，运动持续时间保持在30~60分钟为宜，其中运动前要进行5~10分钟的准备活动，运动后也要进行适当的拉伸运动。

总的来说，血脂异常人群应从健康生活方式养成开始，运动仅是健康生活方式的一方面，患者还应在医生指导下进行药物治疗的基础上，通过低脂低盐饮食、科学运动及戒烟限酒等健康生活方式的养成来改善血脂水平。

血脂异常人群
如何运动
运动方式
所有运动方式
对血脂调节
都有效
NO
YES
耐力性运动
项目是预防和
治疗血脂异常的
有效办法
运动强度
适宜
强度
过小
调节血脂无效
强度
过大
增大运动
损伤风险
科学
强度
•采用心率
衡量运动强度
•理想心率
（220-年龄）×（60%～70%）
运动时间
循序渐进
没有运动经历
缩短时间
适应强度
30分钟以上
30～60分钟为宜
健康
生活
方式

◆ 十一、 肩周炎患者可以运动么

肩周炎是肩关节周围软组织不明原因的自限性无菌性炎症，主要表现为肩关节疼痛和活动受限，甚至会出现颈部或肘部放射性疼痛或三角肌萎缩等症状。多发于50岁左右的中老年人，女性发病率高于男性。

目前对于肩周炎主要是保守治疗，在口服消炎镇痛药、推拿按摩、自我按摩等疗法的同时，着重对肩关节肌肉进行力量练习，可以有效缓解肩关节因粘连而引起的肌肉僵硬，保持肩关节功能，甚至达到功能恢复的效果。

既然运动可以有效缓解肩周炎，那么我做什么样的运动才最有效呢？

第一个动作，手指爬墙。面对墙壁站立，用患侧手指贴墙缓缓向上爬，当爬到感觉已经是您最大向上限度的时候，保持这个姿势5秒，并记住这个位置，然后再缓慢地爬回您开始的位置，5次为一组，每次之间休息30秒，每组之间休息2分钟，刚开始的时候我们建议每天做5组。

第二个动作，肩部环绕。两肩向前绕环50次，休息30秒后，往后绕环50次，一前一后为一组，每天做3组。

第三个动作，后展肩。两肩尽量向后展，到最大幅度后，保持1~2秒，恢复到原来位置为一次，50次为一组，组间休息30秒，每天做5组。

第四个动作，摸后脑勺。两手交替触摸后脑勺，左右手各50下为一组，每天做4组。

第五个动作，招财猫。单手做招财猫动作，注意上臂尽量保持与地面平行，前臂尽量与地面垂直，20 个为一组，两手交替完成，每天每个手臂 3 组。

第六个动作，扩胸。双肘抬高与地面平行，双手掌朝下，收于胸前，慢慢扩张胸部和手肘关节，手肘保持与肩水平，尽量将手掌和手臂外展，扩展胸部，保持 5 秒后，缓缓还原为起始动作，10 次为一组，每天做 6 组。

以上几个动作建议每天做一遍，坚持 3 周左右会对您的肩周炎有明显的缓解。刚开始您若不能一次做完，可以先从爬墙开始，循序渐进。

最后需要注意的是：肩周炎对寒冷比较敏感，日常生活中应该避免肩部受凉；动作练习需要长期坚持效果才能显著，切忌不痛了就不做了。

肩周炎患者可以运动么
什么是肩周炎
不明原因自限性无菌性炎症
多发于50岁左右的中老年人
女性发病高于男性
颈部、肘部疼痛 三角肌萎缩
目前主要治疗方法
口服消炎镇痛药
推拿按摩
自我按摩
保守治疗
肩关节肌肉练习
好处：
• 缓解肌肉僵硬
• 保持功能甚至恢复功能
如何有效运动
① 手指爬墙
5"
最大限度
5次 ×3
② 肩部环绕
前50后50 ×3
③ 后展肩
2"
50次 ×5
④ 摸后脑勺
左50右50 ×4
⑤ 招财猫
交替20个 ×3
⑥ 扩胸
5"
10次 ×6
• 坚持三周，明显缓解
• 循序渐进，避免着凉